周口师范学院学术著作出版基金资助

Research on Teaching
ENGLISH INTERPRETATION
in Colleges and Universities from a Multidimensional Perspective

多维视角下高校英语口译教学研究

陈杰 ◎ 著

中国财经出版传媒集团
经济科学出版社
Economic Science Press

图书在版编目（CIP）数据

多维视角下高校英语口译教学研究／陈杰著．—北京：经济科学出版社，2022.10

ISBN 978 – 7 – 5218 – 4097 – 1

Ⅰ.①多… Ⅱ.①陈… Ⅲ.①英语－口译－教学研究－高等学校 Ⅳ.①H315.9

中国版本图书馆 CIP 数据核字（2022）第 190335 号

责任编辑：杨　洋　卢玥丞
责任校对：易　超
责任印制：范　艳

多维视角下高校英语口译教学研究

陈　杰　著

经济科学出版社出版、发行　新华书店经销
社址：北京市海淀区阜成路甲 28 号　邮编：100142
总编部电话：010 – 88191217　发行部电话：010 – 88191522
网址：www.esp.com.cn
电子邮箱：esp@esp.com.cn
天猫网店：经济科学出版社旗舰店
网址：http：//jjkxcbs.tmall.com
北京季蜂印刷有限公司印装
710×1000　16 开　14 印张　210000 字
2023 年 2 月第 1 版　2023 年 2 月第 1 次印刷
ISBN 978 – 7 – 5218 – 4097 – 1　定价：52.00 元
（图书出现印装问题，本社负责调换。电话：010 – 88191510）
（版权所有　侵权必究　打击盗版　举报热线：010 – 88191661
QQ：2242791300　营销中心电话：010 – 88191537
电子邮箱：dbts@esp.com.cn）

序

当我收到《多维视角下高校英语口译教学研究》书稿的时候，正准备参加南开大学主办的全国"赋权增能口译课程跨校共建"研讨会。一口气把书稿读完后，我做出了一个决定，等这本书正式出版后，我要第一时间把它介绍给参会的同行们。

最早结识陈杰是在2013年9月，当时的他刚从华东师范大学研究生毕业来校工作，小伙子意气风发，常飙着一口流利美音，所以我们叫他Jack Chen。因为研究的专业和教授的课程等原因，我们两人渐渐熟络了起来。常见他西装革履地去教室，课后坐在办公室里反思、备课、做翻译或解答学生的疑惑，非常热情地帮助同事和学生解决学习和生活中的问题，入校两个学期就讲授了英语口语、综合英语、英语报刊选读、英语口译等课程，一周上20节课也是常有的事，且常跟我探讨教学方法，看到他的活力与干劲，我仿佛看到了年轻时的自己。Jack不仅对教学充满了热爱，而且非常关心学生的成长与就业。记得2014年夏天一个周末的晚上，我约他一起出去小酌两杯。闲谈之余，他同我分享了一年来他对英语教学的观察和思考，并且一同探讨了不少问题：英语专业的学生就业情况怎么样？专四、专八通过率高吗？考研情况怎么样？为什么不开设应用性更强的商务英语专业和英语翻译专业？怎样可以给学生创造更多的翻译实践机会？学生毕业后，保持联系的多吗？做老师这么长时间，最大的喜悦是什么？学校是否支持老师在社会相关领域挂职锻炼？讨论一直持续到回来的路上，虽然没有得到确切的答案，但是其中许多问题我们拥有相似的认知。望着他消失在校园里的背影，我赞叹这是一位爱思考的小伙子。Jack常利用寒暑假或周末在外贸企业或行政事业单位做翻译，年纪轻轻就已经走访过加纳、南苏丹、埃塞俄比亚、沙特阿拉伯、阿联酋、澳大利亚、美国、加拿大、英国等十余个国家,从事翻译工作。其精力之充沛,阅历之丰富,令人印象深刻。我发现他在教学中与学生分享自己的经历、分享翻译实践中的案例时,学生总是兴致满满,充满期待,课堂气氛活跃融洽,教学效果极佳。2016年4月,因为工作出色,他被任命为学校对外合作交流处对外合作办公室主任,负责外事翻译、与国外友好高校的联络、中外合作办学项目管理和外籍教师招聘等工作。这时的陈杰已经俨然小有成绩,但是依然谦逊而富有活力。在我办公室里,他兴奋地告诉我他的新书初稿已经完成,并分享了其中的主要观点。这令我又喜又惊,喜的是我们曾经在那个夏天的晚上谈论的许多问题有了答案,学校的翻译专业已经正式建立,外语学院更多的学子考上了研究生或招教当了老师,学生的专四、专八通过率也连年攀升。惊的是他在换岗之后,又要工作又要学习,结了婚后还要看孩子,居然还有时间著书立说,我立刻脑补出几年来他的艰辛付出。

  翻看着电脑屏幕上的文字,我试图把这本书的内容再梳理一遍。首先,本书内容立足当下口译教学现状,将释义理论、关联理论、模因理论、功能理论等用于口译教学实践中,具有较强的学术价值与实践指导意义。该书以高校英语口译教学为研究对象,从高校英语翻译入手,对英语翻译教学与口译活动的发展、分类及特点进行了详细论述,并从中英语言对比的角度对翻译活动做出分析,深刻揭示了翻译活动在人类文化交流与社会发展中的重要作用。其次,本书对我国高校英语口译教学理论与实践进行了深入研究。本书最后强调,口译的习得不仅要依靠教师引导,更需要学习者在掌握口译方法和口译技巧的基础上,进行模拟训练与实战练习。因此,本书对口译教学训练与口译实践做出阐述,以期帮助学生成长为合格的口译工作者。

  站在办公室,凭窗远眺校园里的莘莘学子,我更加深刻地认识到这本书的价值。你若是一名学子,这本书将为你展示一名年轻教师的艰辛实践,体现一名儒雅书生化茧成蝶的心路历程,引导学子成长、成才;你若是一名英语口译学习研究者,这本书将为你传授英语口译的学习方法和训练技巧;你若是一名英语口译教学研究者,这本书将为你阐述高校教师应该掌握的教学理论与实践方法；你若是一名英语口译理论研究者，这本书将为你分析英语口译的起源、发展、分类和特点。随着我国"一带一路"倡议的发展，推进"人类命运共同体"的构建，口译作为沟通的桥梁，会越来越受到人们的重视，口译及口译教学会持续成为未来的热门领域。当然，这本书如果能够在百年未有之大变局下，帮助翻译和口译从业人员，更好地传递中国声音，讲述中国故事，则是更大的贡献了。

雷 超

2022年5月于揽月湖畔

前　言

翻译活动古已有之，20世纪后，翻译研究逐渐发展成为一门独立的学科，口译研究作为翻译研究的一个重要分支，也随着口译工作的普及发展起来。随着各国在经济、文化、科技等方面交流的不断深入，社会对口译人才的需求也在不断增长，口译教学及相关研究受到广大口译教师与口译从业者、爱好者的关注。

目前，国内多所外语院校、综合性大学等都面向高年级学生开设英语口译课程，旨在为社会培养更多口译人才。但不得不承认的是，口译的学习需要建立在学生良好双语功底的基础之上。而实际上，学生的外语水平参差不齐，一些学生的英语水平还不足以支撑口译的学习，传统的口译教学模式无法满足学生的个性化需求。随着国际合作交流的加强，不同领域都需要专业性口译人才的加入，特别是医疗领域、法律领域、科技领域等，越来越需要不同层次、不同专业的口译人才，目前的口译教学还无法覆盖所有口译需求。

近年来，随着互联网技术覆盖至教学领域，很多具有教学前瞻性的院校及教师积极推动传统课堂的改革，将先进教学理念与教学技术引入课堂，如翻转课堂、慕课教学、移动学习等，都在一定程度上提升了学生学习英语口译的自主性与积极性，有利于教师对不同水平的学生进行针对性指导与学生的自主化学习。

无论哪种教学模式或学习方式，要想达成口译的习得目标，学生都要掌握双语基础、口译技能、口译方法、跨文化意识、心理能力等。一定要明确的是，学生才是口译学习的主人，教师的作用在于引导与纠正，学生只有充分发挥自主学习意识，积极参加口译实践活动，才有可能提升自己的口译技能与综合能力。

本书从高校英语翻译教学出发，引出作为其中重要组成部分的口译教学，从分类、特点、实践等方面对口译活动做了阐述，并对口译教学的发展、内涵、理论、实践等方面进行研究，并通过丰富的口译实例对理论与技能的具体应用进行分析。由于笔者水平有限，难免存在疏漏和不足，敬请广大学者专家予以斧正。

目 录
CONTENTS

▶▶第一章 01 **高校英语翻译教学 / 001**
- 第一节　翻译概述 …………………………………………… 001
- 第二节　英语翻译教学 ……………………………………… 016
- 第三节　中英语言对比与翻译教学 ………………………… 027

▶▶第二章 02 **英语口译 / 038**
- 第一节　翻译与口译 ………………………………………… 038
- 第二节　口译发展研究 ……………………………………… 044
- 第三节　口译分类与基础概念 ……………………………… 057
- 第四节　口译思维与口译特点 ……………………………… 060

▶▶第三章 03 **高校英语口译教学 / 069**
- 第一节　英语口译教学目标 ………………………………… 069
- 第二节　英语口译教学理念与教学原则 …………………… 071
- 第三节　英语口译教学模式研究 …………………………… 079
- 第四节　跨文化意识与英语口译教学 ……………………… 089
- 第五节　英语口译教学对学生发展的影响 ………………… 094

▶▶第四章 04 **英语口译教学实践研究 / 100**
- 第一节　交替传译与同声传译教学 ………………………… 100
- 第二节　英语口译技能教学 ………………………………… 115

　　　　第三节　英语口译教学方法研究 …………………… 121
　　　　第四节　口译教学中常见问题及对策 ………………… 127

▶▶第五章 05　现代口译教学方法论研究 / 132
　　　　第一节　基于释意理论的口译教学 …………………… 132
　　　　第二节　基于关联理论的口译教学 …………………… 137
　　　　第三节　基于模因理论的口译教学 …………………… 142
　　　　第四节　基于功能理论的口译教学 …………………… 149

▶▶第六章 06　口译自主学习 / 158
　　　　第一节　口译自主学习理论 …………………………… 158
　　　　第二节　口译自主学习模式 …………………………… 163
　　　　第三节　口译自主学习实践 …………………………… 167

▶▶第七章 07　口译实践研究 / 172
　　　　第一节　口译方法与技巧 ……………………………… 172
　　　　第二节　口译应变与纠错 ……………………………… 182
　　　　第三节　英语口译笔记 ………………………………… 189
　　　　第四节　口译与口译教学质量评估 …………………… 195
　　　　第五节　英语口译教学展望 …………………………… 206

　　参考文献 ……………………………………………… 210

第一章

高校英语翻译教学

第一节 翻译概述

从人类开始使用语言进行沟通时,翻译就诞生了,不同地区的人形成不同的语言,他们之间的交流就需要有人进行翻译。在全球化发展的今天,翻译依然是国家之间进行政治、经济、文化等交流时不可缺少的环节,可以说,任何国家或地区的发展都离不开翻译活动的促进作用。

一、翻译的内涵

(一)翻译的定义

目前,世界上仍被使用的语言近三千种,不同地区、国家的人使用自己的语言进行交流,当不同语言的人要进行交流时,就势必需要翻译作为沟通的桥梁。

关于翻译的定义有许多种不同的解释:

《辞海》中将翻译定义为"把一种语言文字的意义用另一种语言文字表达出来"[①]。

[①] 上海辞书出版社. 辞海 [M]. 上海:上海辞书出版社,2019:786.

《现代汉语词典》将翻译解释为"把代表语言文字的符号或数码用语言文字表达出来（也指方言与民族共同语，方言与方言，古代语言与现代语言之间的转换）"①。

《牛津英语词典》中将 translate 解释为"to turn from one language into another"②。

我国翻译家张培基先生在《英汉翻译教程》中将翻译定义为：运用一种语言把另一种语言所表达的思维内容准确而完整地重新表达出来的语言活动。

美国翻译理论家尤金·A. 奈达（Eugene A. Nida）说"所谓翻译，是指在译语中用最切近而又最自然的对等语再现原语的信息，首先是意义，其次是文体"。③

德国翻译理论家威尔斯（Wolfram Wilss）认为翻译是一种语际信息传递过程，这一过程具有单向性和不可逆性。

不难看出，这几种定义的本质是接近的，即翻译是语言之间的转换活动。但是我们不能将翻译视为单纯的语言活动，翻译还涉及语言与众多非语言因素的高级活动，不同领域的学者对翻译的理解也有所不同。

语言学派的学者一般将翻译看作一种语言活动，认为翻译理论是语言理论的一个分支，是一门基于原语与目的语之间的对比的学科，即翻译研究的是两种或多种语言的转换关系。

文艺学派的艺术家、理论家则将翻译视为艺术的创造或再创造的过程，他们主张译文要做到生动形象、情感还原、雅俗共赏等，认为翻译应该是一门艺术，而不是科学。

文化派的学者则认为，翻译除涉及语言符号的转换之外，与跨文化交际、合作、移入移出等都有关联，与其说翻译是两种语言的交流转换，不

---

① 中国社会科学院语言研究所词典编辑室. 现代汉语词典［M］. 北京：商务印书馆，1996：343.

② ［英］Judy Pearsall. 新牛津英语词典［M］. 上海：上海外语教育出版社，2001：441.

③ Eugene A. Nida & Charles R. Taber. The theory and practice of translation［M］. Shanghai：Shanghai Foreign Language Education Press，2004：12.

如说是两种语言所代表的两种文化的转换。奈达认为，对于一个成功的翻译工作者来说，掌握两种文化比掌握两种语言更加重要，因为语言只有在特定的文化环境中才能准确传达含义。①

功能主义者认为，翻译应该是一种带有特定目的的活动形式，这种目的包括满足读者需求、满足译文功用等。汉斯·弗美尔（Hans Vermeer）曾提出，翻译是人的一种特殊形式的行为，一切行为都有其目的，因此翻译也要受到目的的制约。

交际学派则将翻译看作一个发生在特定社会环境下的交际过程，要将信息学、传播学的观点纳入翻译活动中，尽可能保留原文本功能，同时反映给翻译的对象。

以上将一些翻译理论的主要观点进行了简要概括。不难看出，翻译有着十分复杂的本质，任何学派的理论都难免带有局限性，因此翻译的学习也是一个十分复杂的、无止境的过程，它既是一门科学，也是一门艺术，可以说是人类社会历史上最复杂的跨语言跨文化的交际活动。

（二）翻译的目的

翻译是人们为达到某种目的而产生的行为，翻译的目的主要有以下三个方面：

一是译者自身的目的，如为获取收入、维持生计，或为追求理想；

二是译文在文化交际中的目的，如传递信息、表达情感；

三是译者采用一定的翻译方法或形式希望达到的目的，如通过直译显示原语的语言特点，或通过摘译使读者快速了解原文主要内容。

不过，就翻译的本质而言，译文在文化交际中的作用是最主要的。全世界的文明多种多样，只有依靠翻译才能使全人类共同沟通思想感情，传播文化知识，促进社会文明。我国学者季羡林先生曾经提出，文明的发展都会经历诞生、成长、繁荣、衰竭、消逝五个阶段，比如西方的古罗马文明、古希腊文明，但是中华文明却可以绵延至今。究其原因，他将中华文

---

① 刘春华. 实用文体英汉互译教程［M］. 武汉：武汉大学出版社，2019：14.

明比喻为一条奔腾的河流，这条河流接收了来自世界各地的水。五四时期的翻译活动更是极大鼓舞了国内的反帝反封建斗争。张今教授曾指出："翻译是两个语言社会（language-community）之间的交际过程和交际工具，它的目的是促进本语言社会的政治、经济和（或）文化进步。"①，明确指出了翻译的目的与翻译的意义。

（三）翻译的分类

翻译涉及的范围广泛、内容众多，是一个比较笼统的概念，我们可以从不同的角度对翻译进行分类。

（1）从译入语和译出语的角度来看，翻译可以分为将外语译为本族语言和将本族语言译为外语两类。

（2）从翻译主体性质来看，翻译可以分为人工翻译和机器翻译两类。

（3）从翻译涉及的语言符号代码的性质来看，翻译可以分为语内翻译、语际翻译、符际翻译这三类。语内翻译指同一语言体系的不同文体之间的互译，如将古汉语翻译为现代汉语、将方言翻译为标准普通话等；语际翻译指不同语言符号之间的互译，如中英互译；符际翻译则是更广义的概念，指非语言符号和语言符号之间的互译，如将身体语言解释为对话、将密码翻译为信息。

（4）从翻译的工具与活动形式来看，翻译可以分为口译与笔译两类。口译通常用于参观游览、学术研讨、商业会议等，要求译员在谈话间歇将口头对话准确传达给听众，口译又包括交替传译、同声传译、视译。笔译多用于法律文书、科技著作、文学翻译等，对译文的质量与准确性的要求更加严格。

（5）从翻译涉及的语言材料的性质（翻译的客体）来看，翻译可以分为专业性翻译、文学翻译和一般实用性翻译，专业性翻译指科技、商务、公文等专业度较高的翻译，文学翻译指小说、诗歌、戏剧等文学作品的翻译，一般实用性翻译指日常对话、应用说明的翻译。

---

① 张今. 文学翻译原理 [M]. 开封：河南大学出版社，1987：9.

（6）从翻译材料的处理方式来看，翻译可以分为全译、节译、摘译、编译和译述。全译即将原文全部翻译出来，不作任何删改和评论；节译也叫缩译，指将原文进行局部删节后再译出，但保留原文内容的相对完整；摘译指译者根据需求，摘取原文的个别段落或提取中心内容进行翻译；编译即编订与翻译的结合，指译者在原文翻译的基础上，进行个别文本的编辑加工，做出梗概性的传译；译述也叫改写，是翻译与创作的结合，译者可以在翻译原文的基础上加入自己的观点、创作。这几种翻译的处理方式应用最为广泛，是其他翻译方式的基础，也是翻译教学的基础。

（四）翻译的标准

关于翻译的标准，很多学者都曾提出自己的观点，早在我国唐朝时期，就有"文""质"之争，"文"强调翻译的修辞与通顺，重意译，"质"强调翻译的忠实与准确，重直译。

最著名的翻译标准是严复在《天演论》中提出的"信、达、雅"三字，"信"指忠实原著，"达"指译文通达流畅，"雅"指文字典雅，不过之后有理论家将"雅"的解释更改为保持原文或原作者的精神风格。[①] 彭卓吾在他的《翻译理论与实践》中，对"信、达、雅"作出了新的解释："信"指译文要重视原文思想，"达"指译文要合乎规范语言，"雅"指译文要保持原文风格。[②] 林语堂先生曾提出"忠信、通顺、美"的翻译标准，这与"信、达、雅"有异曲同工之处。

傅雷先生指出，文学翻译要"传神"，他认为译文与原文在内容上一致的"意似"是翻译的最低标准，要在形式与精神上也做到一致，达到"形似""神似"，这才是翻译的最高标准。钱钟书先生提出"化境"的翻译标准，也就是即使文字形式有所更改，但是原文的思想感情、风格神韵都保留下来，使译文如同原作一般没有翻译的痕迹，"化境"标准可以说是对"传神"标准的进一步深化。

---

① ［英］赫胥黎（T. H. Huxley）. 天演论［M］. 严复，译. 北京：商务印书馆，1933：56.
② 刘爽. 翻译理论与实践［M］. 哈尔滨：哈尔滨工业大学出版社，2008：5.

在西方，也有很多理论家提出了翻译的标准。英国学者泰特勒（Fraser Tytler）在《论翻译的原则》一书中①，提出如图1-1所示的翻译的三项基本原则：

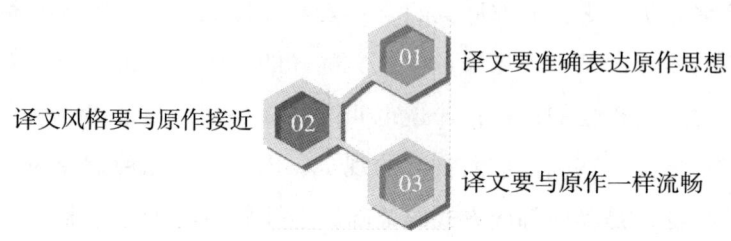

图1-1　泰特勒的翻译原则

这三项原则与"信、达、雅"也十分相似。《圣经》翻译专家奈达先后提出"动态对应"与"功能对等"的翻译标准，指翻译不应受制于原文的语法、词汇，而应该从读者角度出发，使译文读者与原文读者在阅读时产生相似的心理感受。

翻译的任务是将原文内容、感情传达给译文读者，无论哪一种翻译标准，都表达了相同或相近的翻译原则，既要忠实原文，也要合乎译文语言规范，同时接近原文风格和感情，使译文读者与原文读者在阅读时可以接收到相同或相近的内容与感情、风格等信息。另外，不同领域的作品翻译，其侧重点也会有所不同。

二、翻译的发展

翻译是人类最古老的活动之一，古今中外的翻译工作都是人们在文化、经济、科技、政治等方面进行交流学习的重要桥梁。在中国，汉朝至宋朝的佛经翻译在思想文化上对中华文明产生了深远的影响，在欧洲，16世纪的翻译高潮对各国的宗教与民族文化都起到了推动作用。当今社会，国际交流空前繁荣，科技发展一日千里，跨文化、跨语言的翻译工作

---

① 林庆扬. 走进翻译 [M]. 厦门：厦门大学出版社，2011：53.

继续焕发新的活力,在现代社会的发展中依然起着举足轻重的作用。

(一) 中国翻译发展

我国的翻译实践与理论古已有之,如《礼记·王制》中就记载了"五方之民,言语不通,嗜欲不同。达其志,通其欲……北方曰译",译即"辨其言语之异"①。不过这个时期的翻译还不是真正的语际翻译,我国的语际翻译活动始于汉朝的佛经翻译。

东汉时期,安息(波斯)译者安世高翻译了《安般守意经》等三十多部佛经,与他同期的月氏国人支娄迦谶翻译了十多部佛经,支娄迦谶的翻译字对字、句对句,译文比较生硬,因此中国的读者不易读懂,大概在这个时期就开始了直译与意译之争。同时,月氏国人竺法护也是当时的佛经翻译名家,他共翻译了佛经一百多部,对佛经在中国的流传作出了很大的贡献。

前期的佛经翻译主要是民间僧人的自发活动,到了前秦时期。佛经的翻译活动就组织有序了,当时的主要组织者为释道安,他主持设置了译场,进行大规模的佛经翻译,由于释道安不懂梵文,担心译文失真,因此主张严格的直译。之后他请来了著名翻译家天竺人鸠摩罗什,鸠摩罗什对之前的译文进行考证,检讨了翻译的方法,开始主张意译,并提倡译者署名以示负责,他翻译的《金刚经》《法华经》《维摩经》等堪称上乘译作,至今仍被视为我国文学翻译的基石。南北朝梁武帝时期,印度学者真谛(Paramārtha)携带大量梵文经典来到中国翻译、传播佛经。

隋唐时期,我国的翻译事业高度发达。隋朝时期的释彦琮是译经史上的第一位中国僧人,他一生翻译了百余卷佛经,并总结了佛经翻译的要求:诚心受法、不惮久时、义贯两乘、耽于道术、淡于名利等,他当时提出的译者的修养要求至今仍有参考价值。

唐朝时期,出现了我国古代翻译界的名家玄奘法师,他与鸠摩罗什、真谛并称华夏三大翻译家。玄奘法师从印度带回六百多部佛经,主持了中

---

① 杨天宇,译注. 礼记 [M]. 上海:上海古籍出版社,2016:153-154.

国古代史上规模最大、组织最健全的译场，除了将梵文译为汉语外，他还将部分老子著作译为梵文，是第一个将汉语著作译为外文的中国人。玄奘提出了"既须求真，又须喻俗"的翻译标准，并且在实践中创造性使用补充、省略、分合、变位等多种翻译技巧，这些对今天的翻译仍然有指导意义。

与玄奘同期的还有义净、一行、不空等译者，他们都翻译了许多佛经。到了宋朝，佛经翻译远不及唐朝，虽然也有中国与印度的僧人往来，并且设立了专事佛经翻译的译经院，不过整体质量不如唐代。南宋时期，由于社会动荡等原因。佛经翻译活动几乎消失。元朝的佛经译作数量也十分稀少，翻译事业基本停滞。

明朝万历年间至清朝新学时期，我国的翻译不再局限于佛学领域，出现了徐光启、林纾、严复等翻译家，他们将欧洲的科学、文学、哲学等著作翻译成中文。如明朝的徐光启与意大利人利玛窦（Matteo Ricci）合作翻译了欧几里得的《几何原理》《测量法义》等书。清朝的林纾与他的合作者一共翻译了一千万字以上的西方文学作品，其中最著名的有《巴黎茶花女遗事》《王子复仇记》等。严复是我国清朝末年的思想启蒙者，他翻译了赫胥黎（Thomas Henry Huxley）的《天演论》、亚当·斯密（Adam Smith）的《原富》、孟德斯鸠（Montesquieu）的《法意》等著作，他提出了著名的"信、达、雅"三大翻译标准，简明扼要又主次分明，至今仍是翻译工作的重要标准。

五四运动后，我国的翻译事业进入了全新的时期，马克思列宁主义的经典著作与无产阶级的文学作品开始走进大众视野，如中文版《共产党宣言》就发表于五四时期。这一时期白话文开始代替文言文，在翻译的内容与形式上都有了很大的变化，鲁迅、瞿秋白等人将东西方各国特别是俄罗斯的优秀文学作品翻译成中文，极大鼓舞了当时的无产阶级革命运动。

新中国成立后，1953年中央编译局的成立和1954年全国文学翻译工作会议的召开，标志着我国的翻译事业进入了有组织、有方法、有安排的时期，并且成为社会主义文化建设的重要组成部分。改革开放后，我国的外国文学与翻译出版工作进一步发展，先后出版了《莎士比亚全集》《巴尔扎克全集》《普希金选集》等文学巨作，毛姆（William Somerset Maugham）、布莱希特（Bertolt Brecht）、福克纳（William Faulkner）等现当代文学家的作品也被翻译过来，同时中国的文艺理论与作品也被译成多国文字介绍给其他国家。这一时期的翻译家、专业译员、翻译理论家数不胜数。

（二）西方翻译发展

1. 古代西方翻译

西方的翻译活动也很早就出现了，大约在公元前3世纪，罗马人就开始大规模翻译希腊文化。西方古代的第一部重要译作是《圣经·旧约》的希腊语译本，即《七十子希腊文本》，这本译作由72名犹太学者合作完成。

里维乌斯·安德洛尼柯（Livius Andronicus）是罗马史诗和戏剧的开拓者之一，也是罗马最早的翻译家，他翻译的荷马史诗《奥德赛》流传深远，他和同时期的涅维乌斯（Gnaeus Naevius）、恩尼乌斯（Quintus Ennius）并称罗马文学的三大鼻祖，他们和后来的普劳图斯（Plautus）、泰伦斯（Terence）等人，都用拉丁语翻译了荷马史诗与希腊戏剧作品，这是西方历史上的第一次大规模翻译活动，希腊的戏剧文学对罗马文学的诞生与发展起到了重要作用，这一时期的翻译活动也成为日后西方继承古希腊文学的重要纽带。

西塞罗（Marcus Tullius Cicero）是西方最早的翻译理论家，同时也是古罗马著名翻译家、演说家、哲学家，他翻译了荷马的《奥德赛》、柏拉图（Plato）的《蒂迈欧篇》等希腊著作。西塞罗强调翻译要采取灵活的方式，反对直译，自他之后，西方的翻译理论围绕直译与意译、死译与活译、准确与不准确等讨论不断向前发展，为现代翻译理论的形成奠定了基础。

赫拉斯（Quintus Horatius Flaccus）是罗马帝国初期的著名诗人、批评家、翻译家，他主张翻译要坚持活译，反对直译，在《诗艺》中写道"忠实原作的译者不会逐字死译"。此外，赫拉斯认为，对外来词语的借译可以使本族语言更加丰富，可以适当创造一些新的词汇，满足写作和翻译的需要，同时丰富本族语言。

昆体良（Marcus Fabius Quintilianus）的翻译理论和主张主要见于《演

说术原理》，主张译作不能只对原文进行简单还原，还要与原作进行竞争，并力争超过原作。

奥古斯丁（St. Augustine）是罗马帝国末期的著名哲学家、翻译理论家，他认为翻译有三种风格：朴素、典雅、庄严，选择哪种翻译风格要取决于读者需求、文体内容等具体情况。比如在进行启蒙教育时，要采用朴素的风格；在对上帝进行赞颂时，要采用典雅的风格；在引导、规劝读者时，要采用庄严的风格。奥古斯丁的翻译理论对后世的语言与翻译的研究产生了较大的影响，因此他被认为是西方翻译史上语言学派的鼻祖。随着罗马帝国的衰落，西方的翻译也开始低迷，逐渐过渡到中世纪。

2. 中世纪西方翻译

公元9世纪和10世纪，叙利亚学者来到雅典，将大批希腊典籍翻译为古叙利亚语，带回巴格达。在巴格达，阿拉伯人又将这些著作译为阿拉伯语，巴格达成为当时阿拉伯人研究古希腊文化的中心。11世纪至12世纪，在西班牙的托莱多，西方翻译家们将大批阿拉伯语作品翻译为拉丁语，托莱多的翻译及学术活动延续百年之久，影响十分深远。

中世纪西欧地区的翻译工作主要受到宗教势力的影响，这一时期的宗教翻译与文学翻译并驾齐驱，但是在翻译思想方面受到教会的制约，因此翻译形式多为直译、死译。曼里乌·波伊提乌（Manlius Boethius）是中世纪初期翻译领域的代表人物，他主张翻译要借助实践经验而不是理论，因此客观主义与实用主义占据主要地位，直到中世纪末，学者们才重新重视翻译理论的研究。

在中世纪时期的法国，王室会专门聘请译员翻译拉丁语和希腊语作品，其中最著名的是查理五世时期的尼古拉·欧雷斯米（Nicholas Oresme），他翻译的亚里士多德的作品对法国翻译界与哲学界都产生了较大的影响。在俄国，翻译最多的是希腊语和拉丁语作品，且译文的质量普遍较高。在德国，代表人物是尼古拉斯·封·维尔（Nicolas Von Wyle），维尔是一名教师，他为教学目的翻译了数十篇罗马作品，他主张对原文进行准确翻译，避免丢失原文的优点。在13世纪至14世纪，英语还属于蛮族语言，当时的英国人要懂得至少三种外语才能阅读流行作品，翻译大师乔叟（Geoffrey Chaucer）翻译了薄伽丘的《菲洛斯特拉托》、波伊提乌的全部作品等，为英国文学和英国翻译做出了巨大贡献。

3. 文艺复兴时期的西方翻译

14世纪至16世纪中叶欧洲的文艺复兴运动，是一场思想和文学的革命运动，同时也促进了翻译的大发展，翻译活动达到了空前的繁荣，深入到思想、政治、哲学、文学、宗教等多个领域，涉及古代以来各个时期的主要作品，出现了一大批杰出的翻译家和优秀的翻译作品。

16世纪，德国的翻译主要集中于古典文学和宗教作品，前者主要是古典拉丁语作品，如西塞罗和贺拉斯等的作品，后者主要是对《圣经》的翻译作品。马丁·路德（Martin Luther）对《圣经》的翻译是这一时期的翻译顶峰，在这部译作中，创造了民众可以接受的文学语言形式，对德国语言的统一和发展起到了十分重要的作用，将现代德语发展带上了新的台阶。路德的翻译观可以总结为以下几点：（1）翻译必须采取人民的语言，必须使译文符合德语的表达习惯，主张意译。（2）译者必须重视语法和含义之间的关系，即要深刻理解原文的精神实质，在翻译过程中可以适当增补原文字面没有但是实际蕴含的内容。（3）翻译可以根据《翻译效应论》^①所提，采用路德的翻译策略，使用如图1-2所示策略。（4）翻译应该依靠集体智慧，集思广益。这些观点对后来的译者产生了很大的影响，直到今天依然有实践意义。

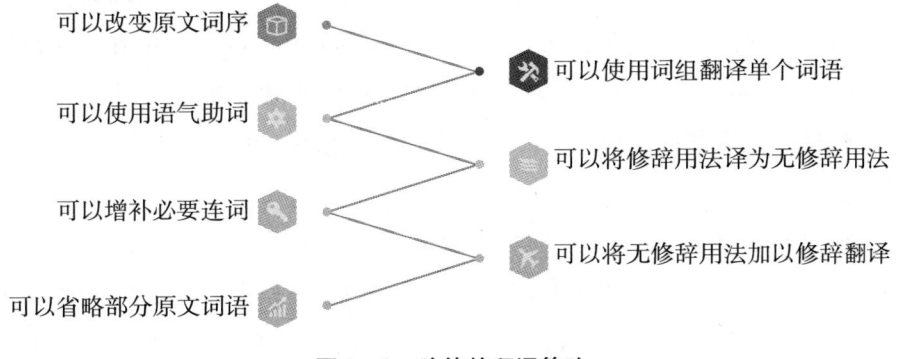

图1-2　路德的翻译策略

---

① 刘瑞强. 翻译效应论［M］. 北京：国防工业出版社，2014，7：216.

在法国，翻译的重心从宗教作品转向古典文学作品，并在16世纪形成法国翻译史上的一个小高潮，这一时期的代表人物为"翻译之王"雅克·阿米欧（Jacques Amyotrophic）与翻译理论家埃蒂安·多雷（Etinne dolet）。阿米欧主张直译与意译结合，以使译文通顺流畅，符合译入语语法习惯，他翻译的普鲁塔克（Plutrach）的《希腊罗马名人比较列传》，是法国16世纪译作的典范；多雷曾提出翻译的五条基本原则：

（1）译者必须完全理解所译作品的内容；

（2）译者必须通晓所译语言和译文语言；

（3）译者必须避免字字对译以准确传达原意与语言美感；

（4）译者必须采用通俗的语言形式；

（5）译者必须恰当选词或调整语序使译文行文适当。

多雷提出的翻译理论具有现代译论的性质，他也因此被认为是近代西方第一个系统提出翻译理论的人。

在英国，文艺复兴运动要晚于其他欧洲国家，但是英国的生产力发展为翻译与文学的发展提供了物质条件，从16世纪中叶到17世纪初，翻译活动极为盛行，翻译的作品涉及古代历史作品、古罗马戏剧、其他国家文艺复兴时期的作品等。16世纪英国翻译的主要特点是：在宗教和哲学方面，主张准确翻译，不过对于文学等，翻译更加自由，译者会在作品中加入前言、后记的内容，以表达自己的主张、拉近与读者的关系。

这一时期的主要翻译家有托马斯·诺思（Thomas North）、约翰·弗洛里欧（John Florio）、费尔蒙·荷兰德（Philemon Holland）、乔治·查普曼（George Chapman）等，其中荷兰德所译作品在数量上超过同时代其他译者，在整个英国的翻译史上也占有重要地位，被誉为伊丽莎白时代的"总翻译家"。

16世纪，英国的《圣经》翻译也取得了巨大的发展，威廉·廷代尔（William Tyndale）与威廉·富尔克（William Fulke）在《圣经》翻译的实践与理论方面作出了重要贡献。1611年《钦定圣经译本》的翻译出版标志着英国翻译的一次大突破，这部译本中使用的英语地道、通俗且优美，所用词汇中超过90%是英国本土语，符合普通民众的语言习惯，被世人称为

"英语中最伟大的译著",一度成为英国人手一册的经典作品,对现代英语的发展也有着深远的影响。

文艺复兴时期是西欧翻译发展史上一个非常重要的时期,标志着民族语言在文学领域和翻译中的地位得到了进一步巩固,同时翻译对民族语言、文学、思想的启蒙与促进有着重要的推动作用。

4. 近代西方翻译

文艺复兴之后,西方的翻译活动继续向前发展,虽然其规模和影响都不如文艺复兴时期,但也出现了大量优秀的译者和译著,翻译的内容除了古典著作外,还有很多近代文学作品,塞万提斯、莎士比亚、歌德、巴尔扎克等人的作品被译成多种文字,一些来自亚洲国家的作品也陆续被翻译出来。此外,近代西方的翻译理论研究进入了黄金发展时期。

17世纪的法国盛行复古之风,人们钟爱对古典作品的翻译,围绕古典作品的译法也有了不同的声音,有人主张厚古薄今、准确翻译,有人主张自由发挥、任意删改,以佩罗·德·阿波兰库(Perrot d'Ablancourt)为代表的自由翻译派占据主要地位。18世纪,法国翻译界对其他国家文学作品的翻译逐渐增多,值得一提的是,这个时期法国很多神甫和语言学家十分喜欢翻译中国作品,不过译著数量虽多但质量不精。19世纪法国迎来翻译发展的新高潮,大量英国、德国、意大利等国的文学作品被翻译成法文,其中最突出的是雨果(Francois–Victor Huge)对莎士比亚作品的译本,被评论家盛赞为"法国莎剧翻译史上的里程碑",对法国翻译的发展有重要意义。

17世纪至19世纪,德国的翻译也有较大发展,出现了歌德(Johann Wolfgang von Goethe)、斯莱尔马赫(Friedrich Schleiermacher)、洪堡(Wilhelm von Humboldt)等语言文学大师和理论家,他们提出的翻译理论、作品等在当时都产生过重大的影响,引起了广泛的讨论。此外,还出现了蒂克(Johann Tieck)、维兰德(Christoph Wieland)、席勒(Friedrich Schiller)等著名翻译家,他们翻译了大量古希腊、古罗马的作品和近代欧洲各国的文学作品,德国成为欧洲翻译活动与理论研究的又一中心。

在16世纪至17世纪的伊丽莎白时代,英国的翻译规模十分盛大;

17世纪中后期至19世纪，译作数量不断增加，在翻译理论方面的成果甚至超过了文艺复兴时期。18世纪末，英国的翻译理论出现新的突破，理论的研究开始全面、科学、系统，不再局限于零散的观点与方法，其中的突出代表是理论家乔治·坎贝尔（George Campell），他提出了图1-3中的翻译原则。

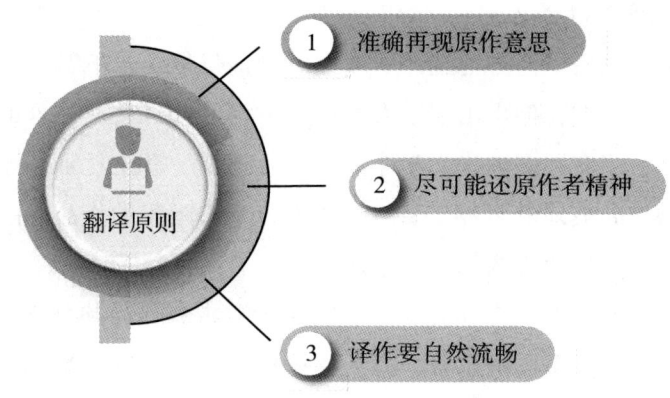

图1-3　坎贝尔的翻译原则

资料来源：文军，马步宁，姜治文. 当代翻译理论著作评介［M］. 成都：四川人民出版社，2002：341.

一年后，翻译理论家泰特勒在《论翻译的原则》一书中提出了与坎贝尔三原则相似的理论。他们的理论全面且系统，是西方翻译史上的重要里程碑，对翻译人员产生了极大影响，也标志着西方的翻译开启了崭新的篇章。

俄国地处东欧，在很长一段时间内，翻译事业发展都比较缓慢，18世纪初，俄国进入彼得大帝时期，逐渐发展成为欧洲最强盛的国家，同西欧各国的经济文化交流也得到加强，18世纪俄国的翻译活动受到皇室支持，译著作品明显增多，翻译理论也开始受到重视。18世纪末期至19世纪中期，亚历山大·普希金、瓦西里·茹科夫斯基等翻译了大量西欧国家的诗歌等作品，并且对翻译理论进行了广泛又深刻的探讨，极大地促进了俄国翻译事业的发展。

5. 现代西方翻译

20世纪被称为"翻译的世纪"，世界各国的翻译活动达到了空前的繁荣。

在第二次世界大战之前，西方翻译研究的焦点多集中于文学领域，特别是古典文学的翻译，且研究多受传统翻译研究方法的影响，并没有将翻译视为一门独立的学科，研究的系统性与科学性尚未形成。第二次世界大战后，世界各国的社会进入相对稳定时期，经济、科技、文化等有了较好的发展所需社会环境，这一时期的翻译研究也有了新的变化，主要体现在如图1-4所示的几个方面。

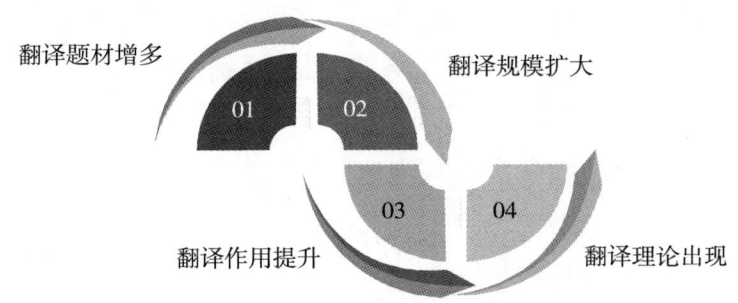

图1-4 第二次世界大战后翻译研究发展

首先，翻译涉及的题材空前扩大，以前的翻译主要集中在宗教、文学作品，这一时期在科技、商业领域的翻译规模甚至超过了文学翻译，成为西方现代翻译的重要内容。

其次，翻译的规模远超以往，过去翻译主要是少数文豪巨匠、宗教信徒的工作，但是现代翻译逐渐发展为一门职业，许多专业翻译人才被培养出来，执行多项翻译任务。

再次，翻译的作用大大提升，随着各国交流加强，翻译需求日渐增多，已成为现代社会不可缺少的一部分。

最后，各种翻译理论也层出不穷，并且受到现代语言学和信息理论的影响，与传统的文学翻译理论形成鲜明对比。

在全球化的今天，伴随着"知识爆炸"和"信息爆炸"，翻译也迎来了又一次发展高潮。历史巨轮滚滚向前，翻译无疑是其中不可缺少的前进的动力。在我国的社会主义现代化建设中，翻译工作者也起到不可忽视的作用。通过对我国和西方翻译史与相关翻译理论的了解，有助于我们更全面、客观地看待今天的翻译发展。

第二节 英语翻译教学

随着对翻译人才需求的增加,越来越多高校开设了翻译相关课程。与汉语和其他语言相比,英语是现在国际上最通用的语言之一,因此,我国的英语翻译教学发展也越来越成熟,吸引了很多对翻译有兴趣、立志投身翻译事业的学生,为社会培养、储备了大批英语翻译人才。

一、英语翻译教学目标与内容

(一)翻译教学与教学翻译

针对翻译的教学与教育,学术界先后出现过很多积极的讨论,加拿大翻译家让·德利尔(Jean Delisle)首先提出教学翻译或学校翻译的概念,之后针对教学翻译与翻译教学的区分也出现了很多不同的观点。

让·德利尔认为,翻译教学不是为了掌握语言结构、语言知识等,其主要目的是使翻译过程有具体的翻译成果,而教学翻译是一种让学习者学习并运用该种语言、对语言文体有所了解的方法,主要目的是习得外语,是学外语的一种途径[①]。

穆雷在《中国翻译教学研究》中指出,翻译教学的主要目的是培养具备正确翻译观与较高翻译能力的专业译员,教学翻译的主要目的是提高双语能力,着重比较两种语言的异同,是作为外语教学的一种辅助教学手段[②]。

罗选民教授则认为翻译教学应该由大学翻译教学与专业翻译教学组成,当这种教学面对非外语专业学生时,就是大学翻译教学,如果面对的是外语专业或翻译专业的学生,就应该是专业翻译教学。

---

① (加拿大)让·德利尔. 翻译理论与翻译教学法 [M]. 孙慧双,译. 北京:国际文化出版公司,1988:25-26.
② 穆雷编. 中国翻译教学研究 [M]. 上海:上海外语教育出版社,1999:112-113.

通过这些学者提出的概念或性质界定，不难发现，虽然表达方式不同，但是对二者教学目的与内涵说明的基本观点是一致的。对教学翻译与翻译教学的界定，有助于教学中针对不同教学目标与教学对象合理设置课程。

（二）英语翻译教学目标

大学阶段翻译教学的主要目的在于培养并提高学生的翻译能力，在具有专业素养与职业素养的翻译教师指导下，学生努力提高自己的双语水平，培养翻译的理论与实践能力，同时加强逻辑分析能力、审美判断能力与文化认知能力。

在翻译本科阶段，学习目标为：

（1）提高母语和英语的语言文化水平，主要是语言基本功和运用语言的能力；（2）打下扎实的基础知识和基础理论，包括中英语言文学、其他社会科学、自然科学方面的知识；（3）掌握翻译学科基础知识、基础理论、基本技能。

杨自俭、刘宓庆、仲伟合等学者在论及翻译教学时，都主张翻译专业要培养学生的几项能力（见图1-5），认知技能即对新领域新知识的学习能力，翻译技能指双语转换能力，反思能力则指学生要能够从翻译的机械实践转向反思实践并不断提升自我的能力，技术应用能力则指学生对工具、资源等的使用能力。

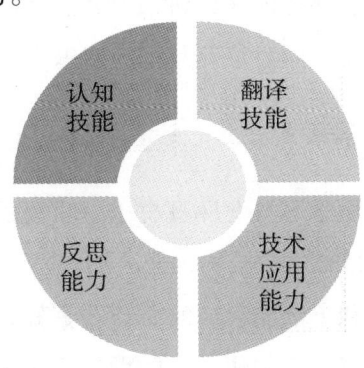

图1-5 翻译教学培养基础能力

总之，英语翻译教学要能够培养复合型翻译人才，即学生要具备扎实的语言、文化、政治、金融、外贸、科技、艺术等基础知识，有较强的英汉转换能力与语言学习应用能力，能够胜任新闻出版、文化艺术、科技翻译、商务外贸等语言文字交流工作。之所以强调复合型，是因为翻译涉及的门类众多、题材无际，因此，不仅要有良好的语言转换能力，还要对双语背景、相关专业都有一定了解。

（三）英语翻译教学内容

大学阶段的翻译教学主要培养学习者的翻译能力、翻译技能。翻译课要帮助学习者掌握一些实用的翻译方法与技巧，帮助学生通过两种语言和文化的对比，找到翻译的规律。只有借助二者对比才能使译者真正懂得如何评估译文质量的好坏、如何进行高质量翻译，同时明白为什么要这样翻译，因此，双语的对比在翻译教学中有着重要作用。

此外，还要重视两种语言所代表的不同文化，不同语言背后一定有社会、文化、生活等差异，这些差异对翻译的实际操作又会产生一定的影响，造成翻译工作的困难。因此，翻译与语言、文化密切相关，译者不仅要掌握语言的相互转换，还要深刻理解两种文化的异同。

在时间有限的翻译课堂上，教师与学生都要合理安排和利用时间，对译文进行评析，如某一学生的优秀译文或名家译作，也可以对一份质量并不突出的译文进行评析。通过译文评析活动，使学习者认识优秀译文的标准，弥补自己翻译的不足，同时培养其批判性思维。

（四）英语翻译教学意义

英语翻译教学对学生学习与发展具有十分重要的意义，可以总结为如图1-6所示的五点。

第一，翻译教学有利于增加学生的文化背景知识，要想对文字或语言进行翻译，一定要先了解语言文化，才能做出质量合格的翻译，同时翻译教学过程也是传播不同文化的过程。

图 1-6 翻译教学的意义

第二，翻译教学有利于提高学生的英汉语言修养，中国的英语翻译教学包括汉译英与英译汉，对两种语言基础的要求都非常高，在翻译教学中，学生不仅可以提高英语的语言能力，还可以进一步提高汉语水平。

第三，翻译教学有利于培养学生的跨文化交际能力，在翻译过程中，不可避免会遇到文化差异的存在，这时如果要做出正确的翻译，就需要对汉英文化都非常熟悉，即学生要具有跨文化意识，这种意识就是在翻译教学中逐渐培养起来的。

第四，翻译教学有利于满足社会对翻译人才的需求，随着全球化的推进，社会对翻译人才的需求越来越多。无论是政治、经济，还是商贸、生活，诸多领域都需要翻译人才作为连接交际双方的桥梁，而翻译教学可以培养大批合格的翻译人才，为社会输送人才。

第五，翻译教学有利于巩固和加强学生的综合语言能力，语言能力包括"听、说、读、写、译"，语言学习的方法也不外乎"听、说、读、写、译"，在翻译教学与学习过程中，是离不开这五项练习的。所以，翻译教学可以帮助学生巩固语言的综合能力，促进学生在语言方面的全面发展，提高学生的综合素养。

二、我国英语翻译教学现状与发展

（一）英语翻译课堂教学

当前的大学英语翻译教学多以课堂为主，以书本为中心，教学模式相对单一。一方面，很多教师在授课过程中侧重讲授语法知识，由于课程时长限制，导致对学生的翻译技能培养力度不足；另一方面，很多学生对翻译知识不求甚解，对真正的学习效果产生负面影响，很多学生受到教师影响或考试压力，往往更重视词汇、语法的学习，忽视实际应用能力的培养。

翻译教学的核心任务是培养学生的翻译能力、强化其对翻译的认识，因此，在课堂教学中，要将翻译理论与技巧穿插在翻译实践之中，中外许多翻译理论都是从翻译实践中得来的宝贵经验。此外，在教学过程中，要以学生的需求为中心，课堂教学要灵活多样，使学生在学习过程中能够主动、积极地掌握翻译理论与实践方法，提升自己的翻译水平。用"精讲多练"的课堂教学取代传统的老师多讲、学生少练的课堂，充分调动学生学习自主性，提高其翻译实践的积极性。

（二）英语翻译教学内容与教材

当今社会发展日新月异，学校在英语翻译教学上也应该提供更加丰富、新鲜的教学内容，以满足学生的学习需求。但是，目前部分学校英语翻译的教材依然沿用传统教材，这些传统教材都是专业性较强且侧重理论知识，与现实社会生活关联不大，无法反映实际情况，不能与不断发展的社会同步，而且传统教材中大多为文学类翻译，反映新时代的信息、外贸、影视、科技、法律等应用文题材的内容很少，不利于学生及时接触最新的专业知识与专业术语。

因此，英语翻译教学内容与教材的更新需要提上日程，对于英语专业与非英语专业的学生要有针对性的教学内容，充分考虑教学过程的现实问题及教材自身的专业性、系统性、时事性，适当增加各类文体翻译、不同题材和风格的译文评析等内容。

教材的编写要遵循如图1-7所示的几个原则，力求使学生在学习过程中，通过大量的翻译实践掌握翻译技巧，培养其实际应用能力，并在教学过程中培养学生的多元文化意识，通过翻译技能学习与实践练习，提高学习者的英语翻译水平。

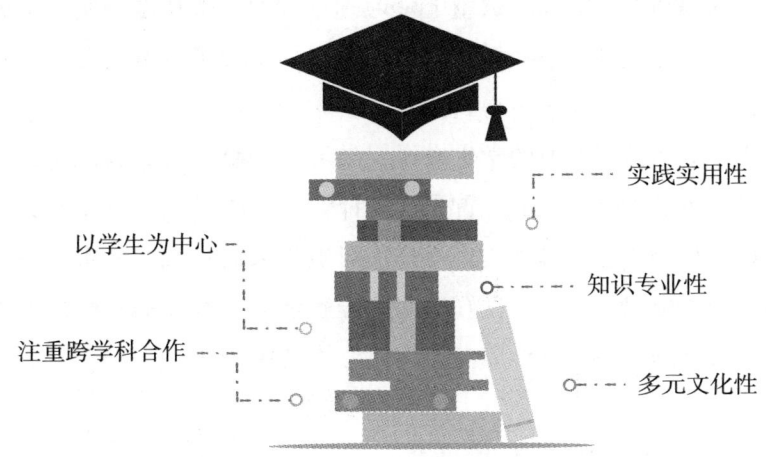

图1-7　翻译教材编选原则

（三）英语翻译师生素质

一方面，在大学英语翻译教学中，教师是重要的引路人。一些教师是从学校到学校，直接完成从学生到教师身份的转变，缺乏英语翻译的实践经验，容易照本宣科。但是翻译是与时俱进、不断发展的，如果教师和教学与社会脱节，学生自然也无法跟上翻译的时代步伐。当然，很多老师也都积极参与翻译实践，在实践中提升自己的翻译水平，获得新的教学感悟，这对教师的课堂教学、传道解惑都是非常有帮助的。

另一方面，学习英语翻译的学生个体的水平参差不齐，也会有不一样的学习效果。从翻译教学的结果来看，学生个人的英语基础水平决定了其英语翻译水平，但是在具有较高英语水平的基础上，还要具有相应的知识储备，才能在翻译的时候将原文意思做出尽可能准确的表达。此外，我国学生虽然学习英语者众多，但是普遍缺乏对英语文化的了解，这就容易导致英语翻译的不准确。

基于此，我们要不断着力于提高英语翻译师生的素质。对教师来说，要努力构建结合授课实际的教学理论，形成自己的教学体系，同时外部也要为教师提供教学研究的良好条件，促进师资队伍水平的整体提升。对学生来说，要加强自主学习意识，特别在今天这个信息化时代，我们有很多自主学习的渠道，一方面在课堂上学习理论知识、进行部分实践，另一方面，可以通过互联网等途径构建自己的语料库，多了解英语文化、丰富汉语知识，使自己的翻译水平得到提升。

对于非英语翻译专业的学生来说，学习英语翻译对其英语学习和综合能力的培养也是十分有益的。首先，翻译有助于提升英语写作能力，加以练习可以在写作中避免母语语言习惯的影响带来的错误；其次，翻译对于提高阅读能力也很有帮助，良好的阅读理解能力是翻译的基础，英语翻译可以促进良好阅读习惯的形成与阅读能力的培养。

三、国外翻译教学模式研究

随着经济全球化的不断深入，世界范围内都需要更多的翻译人才，因此，各国均设置了专门的翻译人才培养体系，我国的翻译教学要想持续发展，也要学习其他国家翻译教学的先进经验，结合我国国情，改进翻译教学，积极尝试、探索新的教学模式。如图1-8所示的是一些西方国家翻译教学的典型模式。

（一）英国翻译教学

英国的翻译研究在世界翻译研究领域占有重要地位，在理论研究与实践研究方面都有非常巨大的成就。在英国，翻译教学多在研究生阶段设置，教学模式比较多元化，而且针对不同的培养目标有不同的培养方式，会分别配置合适的课程与师资。英国的翻译教学可以大致分为下列几种模式。

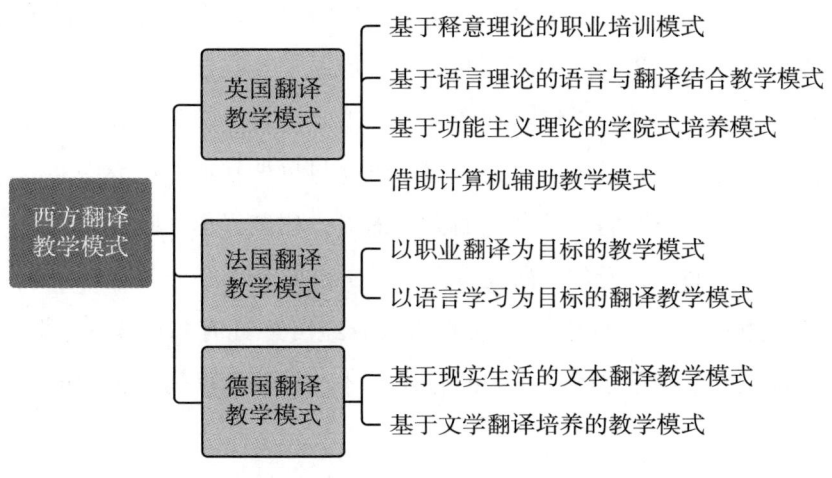

图 1-8 西方翻译教学模式（部分）

第一，以口译培训为主的职业培训。这种教学模式以达尼卡·塞莱斯柯维奇（D. Seleskovitch）的释意理论为基础，将翻译视为一种交际的行为而非结果，注重译者在这个过程中的心理变化，将译者视为画家而不是摄影师，也就是说，译者需要传译的是原作的整体意思与思想，而不是其语言结构和单词，翻译的单位是篇章、话语，并非词语或句子。这种培训模式注重技能训练，强调训练的程序和方法，注重实用性，讲授教师多为懂得教学的职业译者或会议译员，此外学校也常常邀请一线的口译、笔译工作者对学生进行授课，传达实践经验，同时有利于学生熟悉未来职业，并常在毕业前安排学员进入相关机构或组织进行实习。

第二，以德国教育家威尔斯（W. Wils）的语言理论模式为基础的教学模式。这种模式主张将专业知识的翻译归为应用语言学的范畴，在翻译教育中，将语言学习与翻译技巧训练相结合，培养复合型翻译人才。这种培养模式以海里奥特—瓦特大学的语言学院苏格兰口笔译研究中心为典型代表，主要课程包括对比语言学、笔译研究、翻译理论、准备与现场翻译、科技翻译、双语社会与文化研究等。此外，还包括社会、文化、政治、经济等方面的知识学习。

第三，基于功能主义理论的培训模式。功能学派主张考虑译者的翻译环境，不能将翻译局限于语言学或文学的狭隘层面，译者应该在跨文化交际中发挥其作用。采用这种模式的教学机构通常具有较强的学术能力，一般采用学院式培养模式以培养翻译人才。主要代表是沃里克大学的英语与比较文化研究中心，是英国最大的翻译研究与教学基地，研究中心的教师都是翻译家，研究方向涉及文化的方方面面，如翻译史、马克思主义、美国文学、黑人文学、爱尔兰研究等。当然，该研究中心对学生的素质要求也较高，通常要求具有相关领域的知识或经历并具有相应学位。可以看出，沃里克大学侧重培养学术型的翻译人才，强调翻译的文化功能和社会影响。

第四，借助计算机辅助教学模式。计算机的辅助教学已经应用到越来越多的学科和相关课程中了，借助计算机辅助外语教学更是取得了良好的效果。如曼彻斯特大学理工学院的语言工程系，设立了机器翻译的硕士学位，该校是英国最大的计算机辅助语言学习基地，在教学与研究中不仅重视学生翻译能力的培养，还十分注重语言知识的作用，主张学习与训练不同的语言，掌握语言学习的规律。

通过以上几种教学培养模式的研究不难发现，英国的翻译教学具有如图1-9所示的几个特点。

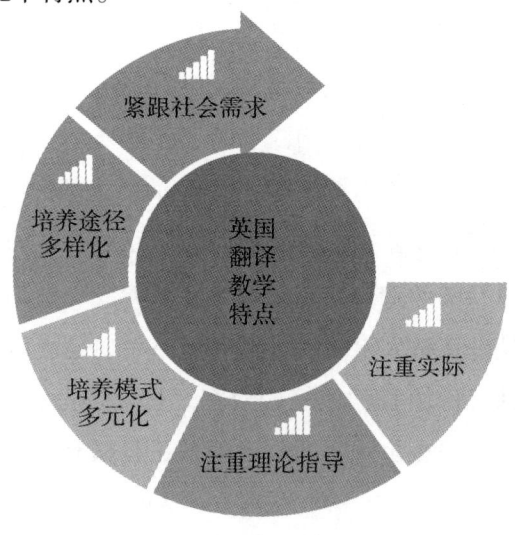

图1-9 英国翻译教学特点

第一，英国的翻译教学注重实际，各学校都注重双语能力、翻译能力、实际技能等的培训，而且善于根据实际情况与对翻译人才的需求进行翻译教学的创新。

第二，英国翻译教学注重理论指导作用，这与英国的翻译史有关，在现在的各种翻译理论和流派中，都有英国翻译家的贡献，多数开设翻译课程的学校都专门开设了翻译理论研究的相关课程。

第三，英国翻译教学培养模式十分多元化，这样既可以符合不同学生的能力与需要，扩大学生选择学习的范围，又可以为翻译学科的发展注入永久的活力。教学模式不一、教学时长不同、教学目的各有侧重、教学方法多元互补。

第四，英国翻译人才的培养途径多样化，时间较长的学位培养计划会分解成时间较短的模块，授课方式也多种多样，包括全日制、非全日制、周末授课等。这样可以较好地满足社会对不同翻译教学的需求，一定程度上也可以实现教育的普及发展。

第五，英国翻译教学紧跟社会需求，很多高校的课程开设都是基于社会需求而来，这样翻译教学可以做到教学重点突出、实用性强，还可以为社会输入大批高质量人才。

通过对英国翻译教学的研究，我们可以得到一些启发，其教学定位清晰，教学导向明确，有助于专业人才的精准培养，多层次、多类型的培养模式，对我国的翻译教学有一定的借鉴意义。

（二）法国翻译教学

翻译在法国的文化生活中具有十分重要的作用，直接或间接从事翻译工作的人员也越来越多。法国在翻译人才的培养方面十分重视翻译教学，积累了丰富的经验。法国的翻译教学可以分为职业翻译培训，与其他专业方向配合的翻译教学，以教授语言为主要目的的翻译教学。培养目标不同，其教学内容、方法必然也各有特色。

以职业翻译为目标的翻译学校，如巴黎高等翻译学院、雷纳第二大学等。巴黎高等翻译学院专门为联合国教科文组织、北大西洋公约组织等国际机构培养国际会议译员,该校以塞莱斯柯维奇的释意理论为翻译教学的理论基础,提倡理解、脱离原语的语言外壳进行译入语的重新表达。这所学校的重要特色之一是非常重视翻译教学理论的研究,推出了一系列翻译教学研究著作,在翻译教学理论研究方面占据重要地位。

专业翻译研究与翻译培训学校有里昂第二大学、卡昂大学等。里昂第二大学为语言学、商务、法律的研究生开设了专业口笔译课程,授课方法为职业翻译培训,强调翻译思维能力的训练与方法论的实践应用。卡昂大学从跨学科角度研究语言,对会议口译程序的认知与心理语言学研究取得了一定成果,在翻译界与心理语言学界都产生了影响。

法国一些学校的翻译课程不以培养职业翻译人员为目标,如里昂第三大学的外语语言应用专业、拉罗歇尔大学亚洲商务专业、蒙彼利埃第三大学的外语语言应用专业等,参加培训的学员毕业后可以从事职业翻译,也可以从事与翻译没有直接关系的工作。在这些学校中,翻译只是语言教学的一种手段,用来帮助学生在交际中学习和掌握外语。

法国高校的翻译教学与翻译研究已经超出了经验论阶段,在解决语言问题与翻译问题时,都十分重视认知知识的储备与获取及其在翻译过程中的应用,具有显著的跨学科特点。此外,法国的翻译研究逐渐向着国际合作的趋势发展,这种跨国界、跨学科的学术交流必将促进翻译研究及人才培养的快速发展。

法国的翻译教学与研究发展值得我们思考借鉴,我们也要深入研究如何更有效培养翻译的专业人才、如何在其他学科教学中安排必要的翻译技能教学,这样既可以快速提高我国的翻译教学质量,培养更多翻译人才,还可以使更多人能够承担不同领域的翻译工作,参与到我国与其他国家的交流之中,成为中外合作交流的桥梁。

(三) 德国翻译教学

德国有着良好的翻译理论传统,而且德国大学一直注重翻译专业人才的培养。德国的翻译教学模式主要有两种。

一种是基于现实生活的文本翻译的翻译教学模式。这种教学模式不以培养专业翻译人员为目的，而是为使所有专业语言研究人员能够具有处理日常、非正式的翻译的能力，并能够监督公共的、正式的文本翻译的质量。在课堂上，学生可以和教师一起探讨选择什么样的文本及其被翻译的必要性、可能的读者群体、文本如何调整等。基于现实生活的文本翻译的教学模式也是值得我们参考的，可以根据学生所学专业与未来职业规划进行翻译教材的编写，翻译的文本可以是科技、商务、法律、旅游等内容。

另一种是基于培养文学翻译的翻译教学模式。德国的语言和文学的发展很大程度上得益于外国文学的翻译，因此在德国，文学翻译是非常重要的领域。杜塞尔多夫大学专门设立了文学翻译专业，制定完备的教学计划，更科学、系统地培养文学翻译人才。该专业在传授理论知识的同时，也力求避免理论的经验式的教学，注重从实践中总结、反过来指导实践的理论。虽然大学学习不能取代实践，但是学校致力于提供最贴近实践的理论，培养学生的独立工作能力和将理论知识应用于实践的能力。

不论哪个国家的翻译教学与培养模式，都有值得我们借鉴的先进经验，而且从对这些国家的翻译教学进行分析会发现，翻译教学的目的不一定是为培养翻译人才，也可以作为学习语言的一种手段，这点可以帮助我们从语言学角度理解翻译与翻译教学。总之，通过对不同国家的翻译教学进行研究，可以帮助我们构建符合中国教育的教学理论与教学体系。

第三节　中英语言对比与翻译教学

英语翻译教学不仅仅是语言教学，翻译人员充当着中英文化交流的使者，因此，译者不仅要有相当好的英语水平，还要具备扎实的汉语功底，除了优秀的语言能力之外，合格的译者要对中西方文化都有深入了解。汉英语言在结构、内容、思维方式等方面都有很大的不同，甚至同样的事物也会代表不同的含义。因此，对中英语言与语言所代表的文化进行对比，对翻译教学有很大的帮助。

一、中英文化造成的语言差异

每种语言都是文化的载体与表现,不同文化会产生不同语言,各国语言在表达的顺序、侧重、修辞等方面都有明显差别,具有十分强烈的民族色彩与地域特色。中英语言一样受到中西文化的深刻影响。

(一)词义差异

1. 历史文化影响

人们在现代生活中的语言常常与历史典故有关,例如,中国人会说"马后炮""空城计"等,这些都与历史故事有关;西方人会说 He's a Shylock 与 That's all Greek to me,这些说法源自莎士比亚的作品。当说到这些与典故有关的俚语时,如果对其历史文化不了解,则很难理解这些俚语的含义,这就是因为各民族的语言受到其历史文化的影响。汉语中的历史典故通常源于古代四大名著、民间神话传说、著名军事战役、传统体育娱乐项目(如象棋、戏曲)等,英语中的典故则多出自莎士比亚戏剧、英美文学、古希腊和古罗马神话传说、《圣经》、传统体育项目等。

英语和汉语的典故成语都有各自的历史渊源,但是依然有一些相近的说法,如"怒发冲冠"与 one's hair stands on end,前者出自《史记·廉颇蔺相如列传》,蔺相如带和氏璧到秦国换城,但是秦王拒不给城,因此蔺相如"怒发上冲冠",表示愤怒的感情;后者出自英国故事,指一个死刑犯由于恐惧而毛发竖立,表示恐惧的状态。同样的外在表现,但是二者表达的感情并不相同,可见不同的典故来源会使语言产生不同含义,同时也体现出民族文化的差别。

中国古代有很多著名的战争,因此汉语中也有很多源于军事的习语,如破釜沉舟、运筹帷幄、临阵脱逃、一鼓作气、背水一战、暗度陈仓、知己知彼等。欧洲历史上也曾战乱频发,因而慢慢出现了很多与战争有关的成语,如 meet one's Waterloo(遭遇滑铁卢/一败涂地)、armed to teeth(武装到牙齿)、have been in the wars(吃过苦头)、mask one's batteries(掩盖敌意)、mark time(犹豫不决)等。

2. 地理环境影响

中国地处亚洲大陆，为大陆性气候，四季分明，夏季炎热难耐；而英国位于北欧北温带，为海洋性气候，夏季温和惬意。所以，汉语中会有"炎炎夏日""酷暑""骄阳似火"等描绘夏天的语言，而莎士比亚在诗中写"Thou art more lovely and more temperate"，将情人比作可爱温婉的夏天，可以看出，由于自然环境的不同，会导致同样的意象在中西方产生了截然不同的含义。

再如，在汉语中，"东风"通常代表温暖生机的春风，如"东风洒雨露，会入天地春"，而"西风"则代表萧瑟凄冷的秋风，如"昨夜西风凋碧树，独上高楼，望尽天涯路"。然而，英语的用法却正好和汉语相反，east wind 代表着寒冷刺骨的冬日寒风，例：How many winter days I seen him, standing blue nosed in the snow and east wind!（我多次看到他站在寒冷的风雪之中，鼻子冻得发紫）。而 west wind 则代表了温暖的和风，例：It's a warm wind, the west wind, full of birds, cries.（那是温暖的风，西风来临时，百鸟啼鸣）。两种风在中西方也有不同的含义，这是因为我国西部为高山，西风通常为来自西伯利亚的寒流所致，而东临大海，海风吹来则令人舒适；英国的东风来自欧洲大陆北部，因此寒冷，西风则来自大西洋，所以是温暖宜人的。

中国平原广袤，农业人口众多，因此许多成语出自农业生产，如"众人拾柴火焰高""五谷丰登"等，但是内陆中原地区很少见到海洋，内陆人对神秘的海洋有着敬畏之感，如海枯石烂、海角天涯、海阔天空、海水不可斗量等成语。英国为岛国，水产渔业十分发达，因此会有 fish in the air（缘木求鱼）、an odd fish（怪人）、miss the boat（错过机会）、as close as an oyster（守口如瓶）、fish in troubled waters（浑水摸鱼）等习语。

3. 宗教信仰影响

传统社会中的宗教信仰广泛又深刻地影响着人们的生活，我国主要受到佛教、道教、儒家文化的影响，欧洲的宗教文化则多为基督教文化，这些宗教信仰一定程度上丰富了中英语言。对宗教文化在语言中留下的印记进行研究，可以加深我们对语言的认识。

我国在隋唐以前，主要受到儒家、道教的影响，如"符""听天由命""道高一尺""修身齐家治国平天下"等就是例子。随着佛教文化影响越来越广泛，产生了很多佛教词汇，如"五体投地""心心相印""自在"等本是佛家的说法，后来在本意的基础上有了更广为接受的含义；与"佛"字有关的俗语"不看僧面看佛面""临时抱佛脚""佛要金装"等相继出现并走入人们的生活中；我国将出家的男性佛教徒称为和尚，由此产生了"当一天和尚撞一天钟""丈二和尚摸不着头脑"等俗语；佛教的寺庙建筑也被用于谚语中，如"跑得了和尚跑不了庙""庙小装不下大菩萨"等。此外，佛教的盛行也丰富了我国古代的鬼神观念，如"有钱能使鬼推磨""大水冲了龙王庙"等。

英美国家的主要宗教信仰为基督教，产生了很多与基督教有关或直接源于《圣经》的英语谚语。如 Noah's Ark（诺亚方舟）、dove of peace（和平鸽）就是《圣经》中的词语；另外，还很多成语和格言都与宗教文化有关，如 bear one's cross（背负十字架）、God bless me！（上帝保佑！）、wise as Solomon（像所罗门一样智慧）等。在基督文化中，上帝是创造天地万物、统治人间一切的神，因此与上帝有关的谚语很多，如 God is where he was（上帝永在其位）、God do what he will（上帝可以做成一切）等。

从以上例子可以看出，一些成语、俗语、谚语等源于宗教文化，人民使用通俗、生动的语言表达出深刻、幽默的喻义，丰富了中英语言的表现力。这些词语经过长期的使用，其含义已经远超宗教词汇本身。

4. 中英语言的互相影响

在历史发展过程中，各种语言也都在不断变化，既有语言本身含义的改变与扩展，也有外来语言的本土化发展，汉语和英语也不例外。特别是20世纪中期之后，各国的经济、科技、文化都进入了繁荣发展的时期，新事物、新思想的出现催生了新的词汇。同时，世界各国的交流也空前紧密，本国语言在自身发展的基础上，也受到了外来文化的影响，如汉语中就有很多外来词，甚至很多已经存在千百年之久，如"刹那"就是来自梵语。此外，汉语中也有很多来自英语的词汇。

中英词汇的互相引进学习最主要途径为音译,多数外来词都是采用直接音译,这主要是因为原语中没有对应词可以表达外来语的意思,如沙发(sofa)、基因(gene)、咖啡(coffee)等,还有一些商标名称如可口可乐(Coca-Cola)这类词语通常可以长久使用。不过也有一些是由于原词的词意暂时未明确,如维他命(vitamin)、卡通(cartoon)等,随着对这些词语的进一步理解,我们将其更准确地译为"维生素""动画片",于是像这种音译就只能存在较短时间。

还有一些汉语是将英语单词进行直译拼接得到,如白宫(White House)、不明飞行物(unidentified flying object)、快餐(fast food)、白领(white collar)等,这些词语也可以较快被人们接受。另外,也有音译与直译结合的词语,如迷你裙(miniskirt)、百老汇大街(Broadway)等。

汉语对英语的影响主要表现在词汇方面,但是这种影响要比英语对汉语的影响小得多,这是由于英语在世界范围内使用更加广泛,而且英语在其发展过程中,吸收了希腊语、拉丁语、法语、西班牙语、德语、汉语等,词汇已十分丰富,英语中源于汉语的词汇主要是极具中国特色的事物,如 jiaozi(饺子)、taiji(太极拳)、kungfu(功夫)、tofu(豆腐)、fengshui(风水)等。

从外语中引进复合词或短语的方法为借译,其语法和语义是借入的,但是由本国的语音、词素组成,在很多语言中都有大量借译词,英语中的汉语借译词就涉及很多方面(见表1-1)。

表1-1　　　　　　　　英汉借译词举例

借译词种类	英语	汉语原词
食品类	steamed bread	馒头
	New Year Pudding	年糕
	spring roll	春卷
	bean curd	豆腐
政治类	four modernization	四个现代化
	one country, two systems	"一国两制"

续表

借译词种类	英语	汉语原词
生活类	long time no see	好久不见
	lose face	丢脸
文化类	dragon boat	龙舟
	long gown	长衫
	Great Heat	大暑
	Chinese herbal medicine	中草药
	Chinese writing brush/hair pencil	毛笔

中英语言相互影响的历史由来已久，英语中的汉语借词主要通过音译、借译的方法进入英语中，并逐渐成为规范英语的一部分，汉语中的英语借词在发音、词意等方面影响着汉语语言；英语带给汉语的多为新鲜事物、新科技的词汇，而汉语带给英语的则多为传统文化相关词汇。

（二）句法差异

除词汇含义外，由于中西人们思维方式的不同，导致语言的句法规则差异也十分明显。在英语翻译教学中，要十分注重文化差异对翻译的影响。语言使用的差异性主要有以下几个方面。

第一，直觉性与逻辑性。中国人的思维模式更加直觉化，习惯直接、快速地对事物进行整体的把握和评判，不过这种思维方式对总结事物表象更加有利，而不利于挖掘事物的本质。西方人则注重逻辑性，主张理性知识与实证分析结合对事物进行研究，带有强烈的逻辑思辨色彩。如：

汉：鲍勃还不知道自己犯了什么罪，就被逮捕了。
英：Bob was arrested when he himself was not aware what crime he had committed.

从这个例子中可以看出，英文表达的重点是鲍勃被逮捕了，同时比较次要地介绍了他什么时候在什么状态下被逮捕的，相当于介绍了这件事发生的背景，这样表达结构完整严谨，非常有条理性。汉语表达则相对结构松散，加入了"还""就"等副词，叙述较为感性，也符合汉语的思维方式与表达逻辑。

第二，模糊性与准确性。在语言使用过程中，汉语的遣词造句十分灵活，可以用同一个句法结构表达不同含义，也可以使用不同句法结构表达同一个含义，需要交流双方在具体的交际环境中进行分析，例如，"打人""打水""打车"中虽然都有"打"字，但其含义各不相同。而西方的思维普遍较为精确，对于不同的概念与范畴，西方人习惯进行周密的界定，在语言表达中，句子的含义相对明确，不如汉语的表达灵活性强，如下面的例子：

汉：我可以借你的橡皮吗？
英：May I borrow your eraser?
汉：我从不将它借给任何人。
英：I never lend it to anyone.

在这两组例句中，对"借"这一动作，汉语并未对其进行明确区分，但是在交流中依然可以明确其含义；而英语中的借入、借出则进行了明确的区分表达，有着高度的准确性。

第三，螺旋形与直线形。中国人在观察事物时采用散点方式，注重直觉与感悟。曾有西方学者说，中国人撰写的文章往往是以笼统的陈述作为开头，作者的看法、建议等往往不直接表达或轻描淡写叙述。西方人则习惯使用线性连接的文字符号，表达时也习惯直奔主题，再交代背景，信息表达比较直接。如：

汉：昨晚七点半在新校区，我碰到了那位来自澳大利亚的外教。
英：I met the foreign teacher from Australia on the new campus at 7：30 yesterday evening.

在这组例子中，我们可以看出中国语言叙述中的"时间、地点、人物、事件"的表达逻辑，而西方人则是先重点突出事件本身，再交代其他。

二、语言文化差异对翻译教学的影响

（一）语言文化差异对翻译的影响

1. 词汇翻译

词汇的选择是翻译的第一步，同时也是翻译的关键所在，我国的英语学习者掌握词汇的方式通常是对词汇进行集中记忆背诵，对于扩充词汇量是有好处的，但是对于词汇的应用性不高，在翻译中容易出现词不对文的现象，这样的词汇学习脱离了具体的英语语境，会导致只了解了词汇表面含义，但对其文化内涵和具体用法掌握不够。

如 I was sorry to hear that your father kicked the bucket，这句话中使用了英语俗语 kick the bucket，表示去世的意思，但是这一俗语带有贬义色彩，相当于汉语的"翘辫子""一命呜呼"的意思，而这一习惯用语在此处的使用显然是不恰当的，可以改为一般用语 pass away。因此，词汇的学习不仅仅要理解其字面含义，还要对其背后的文化意义进行了解。在翻译的教学过程中，教师也要注意向学生说明选词的文化内涵和语境，从而引导学生结合词汇的具体语境和社会文化进行选词的应用，这样才能使翻译更加地道。

2. 句法翻译

英语的单复数、时态、语态等都有特定的要求，英语句子通常以主谓宾结构为基础，通过各种短语、从句加以修饰和扩展，使句子结构变得十分复杂，但是又由词汇与严密句法相联系（形合连接），有着清楚的逻辑与条理，这也反映了西方文化中推崇理性的观念。相对来说，汉语的语言形式变化较少，多为短句，意群较多，句中各成分之间靠内在语义联系，即意合连接。

教师在英语翻译教学实践中，要注意对学生语言表达习惯的引导，引导学生将习惯的汉语意合表达向英语形合表达转换，多练习如何运用短语、从句将本来的多个汉语句子融合到一个复杂的英语长句中，以增强句子的逻辑严密程度。

3. 语篇翻译

在词汇翻译与句法翻译之后，就要注重培养对英语篇章的全篇翻译意识了。由于文化差异，中西方的篇章结构上也存在很多不同之处，我国英语学习者长期受到汉语思维影响，在翻译中会出现中式英语或英式汉语的情况。此外，汉语重意合，因此在表达习惯、篇章衔接上通常缺少明显的词汇过渡，而英语则相反，这也导致一些学生出现跳跃式翻译的现象，篇幅不够连贯，缺乏逻辑条理。

总之，受到中西方文化差异的影响，在英语翻译教学过程中，不仅要教授学生必要的翻译方法和技巧，同时要结合两种语言的使用背景、文化习惯、具体语境等因素，指导学生进行合乎语言习惯的翻译实践练习。

（二）文化差异下的翻译教学理念

不同语言文化背景下，人们进行沟通的最重要的途径就是翻译。翻译也促进着不同文化的发展与共存，在当今跨文化交流与多元文化的背景下，翻译的作用更加重要。在翻译教学实践中，也要让学生了解语言多元、文化多元的重要性，引导学生形成多元文化理念，在掌握本民族文化的前提下，积极学习优秀的译语文化，提升学生的综合素养，推动世界文化多样性发展。

多元文化教育理念在翻译教学中具体体现在教学观念、教学目标、教学策略这几个方面。

首先，要树立正确的文化教学观念，教师要确立自己在英语翻译教学中的重要作用，努力学习教学知识与技能，提升自己的教育素质和综合能力，重视文化差别在教学中的价值。

其次，要确立多元的文化教学目标，通过对某种语言的教学，培养学生的多元文化意识与翻译技能，同时帮助学生形成良好的外语思维，提高该语言应用的频率与效率。

最后，教学中要采用丰富的文化教学策略，文化是语言的内核所在，语言是文化的载体和表现，应该采用丰富多彩的教学策略以增进教学效果,将语言教学与文化教学结合起来,帮助学生提升文化认知与翻译实践能力。

(三) 文化差异下的翻译教学重点

翻译教学的目的是翻译实践,既要完成翻译教学的目标,同时还要兼顾社会与时代发展对文化翻译的要求,英语翻译教学的重点可以从图1-10中几个方面入手。

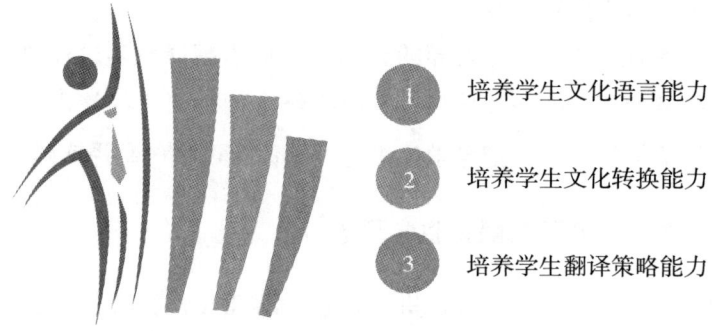

图1-10 文化差异下的翻译教学重点

首先,培养学生的文化语言能力。语言能力是翻译能力的基础,无论是传统的翻译教学还是基于文化差异的翻译教学,语言能力的培养都十分重要,在教学实践过程中,教师可以鼓励帮助学生广泛学习以扩充知识储备,从而加深学生对文化与翻译的理解,为提高学生的翻译能力提供先决条件。

近年来,很多高校都开设了如外国文化、西方文学之类的选修课程,其目的就是帮助学生多了解西方文化,并从中西方文化的对比中感受到文化差异在语言层面的体现,以提升学生的翻译能力。此外,教学中还要注重学生语言综合能力的培养,帮助学生准确理解文本中的文化因素与含义,激发学生对翻译的兴趣,教师要在教学过程中,将教学内容、翻译技能、西方文化等进行有机融合,帮助学生置身于跨文化交际的场景中,深刻理解语篇内容,完成翻译任务。

其次,培养学生的文化转换能力。翻译是一项综合技能,不仅要求译者有扎实的英语功底，也要有足够的汉语功底，我国著名翻译家陈廷佑先生曾指出，能不能将英语翻译成汉语取决于译者的英语功底，但是能不能译好则取决于译者的汉语功底①。

译文的质量离不开汉语和英语两种语言的修养，回看我国的外国作品译本，不难发现，在译者们对原文的理解程度基本相同的情况下，那些汉语语言功底深厚的译者所译作品的文字都精炼优美、富有意象，符合中国人的语言习惯与阅读理解习惯，因此这样的译本往往流传得更广、更久。

最后，培养学生的翻译策略能力。翻译能力的提升离不开大量的实践积累与科学的翻译策略，在教学过程中，教师要重视归化与异化的翻译教学，也要积极开展第二课堂教学、网络教学等辅助教学。

对于翻译中遇到的文化差异问题，可以指导学生通过归化和异化的方式灵活处理，异化翻译强调忠实原文，将原文中的异域特色展现给译入语的读者，归化翻译则强调消除译文读者对原文的陌生感，使用译入语的文化形象、文化思维取代原作的，以帮助读者更好掌握原文的内涵。二者虽然相互对立，但也相互联系，在翻译过程中，可以综合使用，一个优秀的译者要能够在归化与异化之间寻找合适的平衡点。

另外，随着互联网技术进入教学领域，教师也要多尝试使用新的教学工具、教学方法，课堂上的时间是有限的，因此翻译的教学与实践不能局限于课堂之上，还要在课下积极开展文化、翻译活动。

翻译主要分为笔译与口译，对经典文学作品的翻译多采用笔译的形式，译文可以永久保存、流传，可以帮助人们了解不同的文化。今天，随着日益增长的高效交流需求，作为翻译重要部分的口译也受到更多的重视，在外宾接待、商贸交流、新闻发布等场合都特别需要口译人员作为交际双方顺畅沟通的桥梁。因此，对英语翻译的研究要继续细化、深化到对口译的研究中去。

---

① 潘宏妍. 中英文化差异在翻译教学中的影响及对策［J］. 消费导刊，2008（23）：100，227.

第二章

英语口译

第一节 翻译与口译

我们一般说的翻译指口译与笔译两大类,字面来看,口译就是口头翻译,笔译就是笔头翻译,前者偏重生活化、口语化表达,多用于日常交流、会议谈判等,强调交际的即时性,后者偏重书面化表达,多用于文学作品翻译等,强调文化交流的准确性与思想性。

一、翻译的两大基本形式——笔译与口译

根据翻译的表达形式,可以分为笔译与口译两大类,口译指译员以口语的表达方式进行翻译工作,笔译指译员以书面文字的形式进行翻译工作,二者在本质上没有太大区别。笔译可以落成书面文字,便于日后研究,而在录音设备出现之前,口译难以留下直观的实践资料,因此其历史记载较少,研究难度也高于笔译。

口译活动自古就有,不同语言群体的交流是离不开口译的,但直到20世纪,口译才作为一种正式的职业被重视。特别是在20世纪50年代之后,对口译的研究与口译人才的培养开始逐渐系统化。随着现代生产、生活的发展,口译这种高效率的翻译方式被应用到很多领域中,成为现代翻

译的重要组成部分。

口译与笔译是翻译的两种主要形式,二者都涉及原语和目标语两种不同语言。一个合格的口译人员或笔译人员都必须具备扎实的语言基础与熟练的语言技能;而且口译和笔译都只是翻译的形式,而非其目的,翻译的目的是传播信息,增进双方在文化、经济、社会等方面的交流。另外,口译与笔译的过程都涉及对原语的理解到目标语的转换与准确表达的过程,整体思考活动是一致的。

不过,二者依然有明显的不同之处:

首先,形式不同。口译是口头形式,话语转瞬即逝,不过可以给人留下印象,也可以通过录音、录像进行保存;笔译是笔头形式,即书面形式,其成果可以长期保存。

其次,目的不同。口译是给听者听的,目的在于即时的交流;笔译则是供读者观看,目的在于作品的保留与供人赏读。

再次,翻译要求的重点不同。口译要求译员流畅、准确、快速地进行翻译;笔译虽然不要求即时性,但是要求对译入语进行精细雕琢。

最后,接收对象不同。口译的对象是听众,其范围大小、听众多少不固定;笔译的对象是读者,通常对象范围较广。

二、口译过程

口译的基本过程是输入→解译→输出。

从口译过程的形式来看,其过程为原语输入→语码转换→译语输出。

从口译过程的内容来看,其过程为信息感知→信息处理→信息表达。

口译过程的这三个阶段,可以更具体地分为信息的"接收→解码→记录→编码→表达"这五个步骤。

译员接收信息的途径通常为"听入"或"视入",即听到信息或看到信息。听入是口译过程中最常见的信息接收形式,也是口译活动的第一步,信息的听入质量与译员的听辨能力直接相关;视入是视译时信息接收的主要形式,在口译实践中比较少见,有时可以作为听译的辅助手段。信息接收分为被动接收和主动接收两种，被动接收表现为只听单词或语句，译员注意力多集中在信息的语言形式上；主动接收则指译员会注意到发言者的神态、语调等，重视信息的语境意义与修辞意义。

解码指译员对接收到的原语的信息进行分析、理解，获取语言形式与非语言形式的各种信息。原语的信息码是多方面、多层次的，既包括语音、句法、词汇等语言码，也包括文化背景、专业知识、神态表情、表达风格等非语言码，还有介于二者之间的双关语、语体意义等信息。原语信息码十分丰富且复杂，译者对其解译处理一般不采用逐一解码的方法，而是根据大脑做出综合的信息解析，这也是目前机器翻译无法取代人工口译的原因之一。另外，译员对信息的感知与解码能力会随着其工作经验的积累、多种知识的拓展而增强。

记录，也叫暂存，指的是译员将接收、感知到的语码信息暂时存储下来。口译活动中的信息记录采用两种形式，一种是译员靠自己的大脑记忆记录，另一种是通过书面形式记录，不论哪种形式，都是为使接收信息尽可能完整保存下来，方便译员对其进行转码处理并传送出去。通常记录会与解码同步发生，而且越是简短的信息越便于大脑直接记录，越是容易解码的信息越容易被快速记录，不过如果信息量较多，只注重"脑记"是远远不够的，而是要二者结合整体记录，同时译员要理解信息意义，否则记录就是低效甚至无效的。口译的内容转瞬即逝，良好的记录就显得尤其关键，这是口译职业的独特要求。

编码指将原语的信息进行解码后，赋以目标语的表达形式。编码涉及信息语言的结构调整和词语选配，译员需要排除原语体系的干扰，将信息含义按照目标语的语言习惯重新进行遣词造句。经过译员的编码加工后，信息表达要在形式上符合目标语的规范，也要在内容上保持信息的完整与准确，在表达风格、感情上要尽量贴近原语。口译的编码技巧与笔译相似，不过口译要求快速且流利，无法对具体字眼进行反复斟酌，编码的能力也要在实践中积累经验、提升水平。

表达是指译员将信息进行编码后，使用译语通过口头表达的形式转述给听众的过程，表达是口译活动的最后一步，也是最重要的一步，表达是否成功决定了整个口译过程是否合格。只有准确、流畅的表达才能为交际双方架起一座可以顺利沟通的桥梁，译员无须具备高超的演说能力，不过在表达时一定要做到口齿清楚、发音标准、用词恰当、表达流畅。

三、口译标准

翻译的基本标准为"信、达、雅"，这个标准同时适用于口译与笔译，而口译基于其现场性与即时性，更强调快速与流利。我国口译专家李越然提出，口译的翻译标准为"准、顺、快"。还有学者认为口译要做到"准确、迅速"或"达意、通顺、准确"。这些标准说法各异，但是本质上是一致的，都指出口译要做到准确、通顺、流利（见图 2-1）。

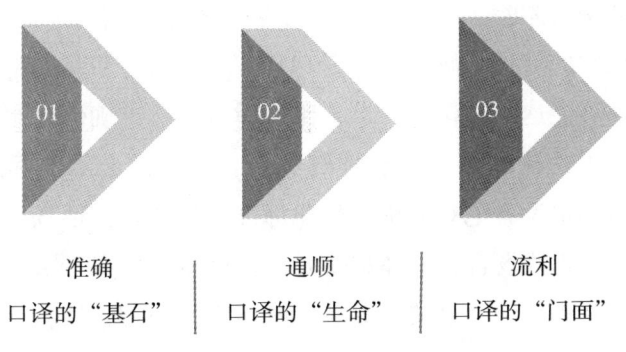

图 2-1　口译标准

首先，准确是口译的基石，也是口译中最重要的一个要求，要求译员不仅要准确地"说"，更要准确地"听"，因此，听辨能力与快速阅读能力是对译员的基本要求，也是目前国内大部分口译证书的重点考查项目。听力理解是口译过程的第一步，只有将信息准确、完整接收，才能为接下来的口译活动提供必要的条件。口译转述表达的准确性是交际双方成功达成交际目的的重要前提，也是译员口译能力的重要体现。

其次，通顺是口译的生命所在，对译语听众而言，通顺是最重要的感受，也是听众判断译员水平的重要参考。"通"可以理解为语法、词语搭配、语义连贯等方面要符合译入语的语言规范或语言习惯,"顺"指前后逻辑、语句衔接、结构顺序等方面要做到条理清晰、逻辑严谨,不能给听众造成理解困难。

最后,流利是口译的重要门面,这一标准要求译员要有出色的表达能力,不仅要正确理解听到的信息并将其进行编码,还要将编码后的内容使用译语流利表达出来。如果在表达过程中,译员出现犹豫、迟疑甚至中断等情况,都会大大降低原语的传达力度与口译的可信度,影响交际的顺利进行。此外,译员在表达时也要避免出现过多无意义的语气词,如汉语中的"额""这个""那个"、英语中的 en,well,you know 等,这些词汇如果频繁出现,只能说明译员不够专业或者口译能力不合格,因此译员在日常训练中要着力克服这类问题。流利表达并不等于快速表达,译员在口译时的语速要与所说的内容或情感相符,保持均匀合适的语速,这样听众会有更加良好的交流体验。

口译标准中的"准、顺、快"是口译工作的综合目标与标准,片面强调任何一方都不能达到口译的要求,比如译员表达准确但是组织语言的速度过慢,或者表达流利但是信息理解有误,这些都会给交际双方造成困扰。同时,口译也没有绝对的统一量化标准,例如在生活场合,口译难度小,要求低;在正式场合,口译难度大,要求高。只有不断进行理论学习与口译实践,并进行经验总结,提高专业能力与心理素质,才能提升口译的工作质量。口译能力的提高是无止境的。

四、口译译员要求

译员应该具有语言技能、知识技能、分析技能、概括技能、表达技能、交流技能等,而且专业的译员都需要经过专门的学习与培训,具备良好的职业素质。对口译译员的基本要求如图 2-2 所示。

第一,译员必须具有强烈的责任感,严格遵守职业道德规范,要对交际双方负责。特别是在国家之间的会议等口译场合,需要译员在公众面前树立良好形象,这有助于提高国家声誉,扩大国际影响力。

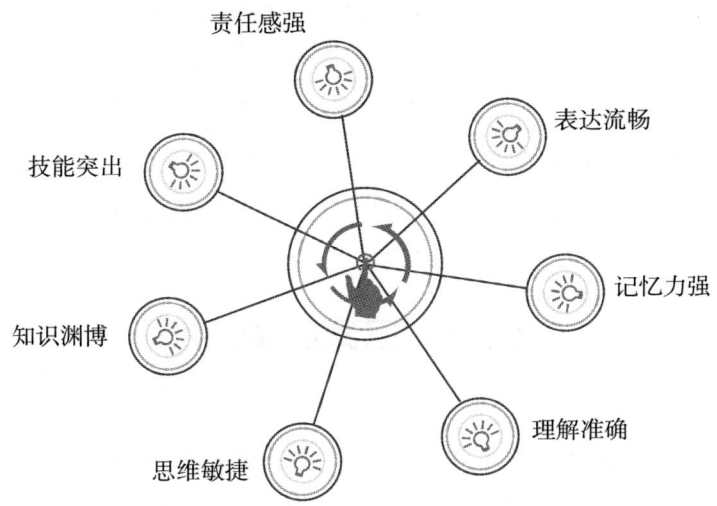

图 2-2　口译译员要求

第二，译员要有扎实的口译基本功，对原语与目标语都要熟练掌握，在听、说、读、写、译方面都达到较高水平，并且掌握口译的技能。

第三，译员需要具备相当渊博的知识，多多拓展自己的知识面，对口译相关语言的文化背景、著名人物、风俗习惯、时事政治、科技技术、外交政策等都有所了解，广泛学习才能使自己在正式的口译工作中更加得心应手。

第四，译员要有十分敏捷的思维。在国际会议中，联合国这种国际会议场合下，同声传译的速度为每小时 7800 英文词左右，笔译翻译为每小时 250 个词左右，口译员远高出笔译员要求，因此要求译员思维敏捷、头脑冷静，做到有条不紊地快速翻译。[①]

第五，译员对所听、所视内容的理解要十分准确，要懂得发言者所讲的全部内容，抓住其思路与意图，准确理解内容，并将其转换为目标语准确表达出来。

第六，译员要有较强的记忆力。此处的记忆力除了大脑的记忆功能外，还包括译员快速记笔记以辅助记忆的能力。译员需要将发言者的内容

---

① 杨科，李庆建，苗燕. 基础实战口译教程 [M]. 长春：吉林人民出版社，2019：7.

记忆下来，否则口译就无法进行，另外，译员的大脑中需要储备大量知识，在口译工作中将大脑记忆与笔头记录结合，有效完成口译。

第七，译员要能够有清晰的表达能力，能够将目标语清楚流畅地表达出来，既要口齿清晰，也要避免使用"嗯""啊""这""那"之类的口头语，在表达过程中要不紧不慢、学会断句，表达自然流畅。

第二节 口译发展研究

至今，口译已经有数千年的发展历史，在人类的生产生活、商贸活动、外交活动等方面，口译一直在发挥着联结双方的重要作用。不过对口译进行系统、科学的研究却是20世纪之后才有的，口译的理论研究虽然起步晚，但是研究成果颇丰，这些理论成果对我们今天的口译学习、口译研究、口译教学、口译实践等都有着深远的影响。

一、口译产生与发展

口译是不同语言的人们在交流往来过程中，对语言进行转换，同时快速传递信息的重要渠道，是人类在跨文化交际活动中重要的沟通工具，口译活动与笔译活动一样，它们的产生与发展一直伴随着语言的产生发展与人类的交流活动，在全人类的交流与发展过程中，都离不开各种翻译活动在其中的促进作用。

20世纪初始，由于战争、国际会议等的出现，各国的来往日益密切，国际社会中的语言种类也越来越多，各项国际活动对口译人员的需求大大增加。因此，在数十年中，出现了一批著名的翻译家，如巴黎和会上首次使用成熟口译技术的译员保尔·芒图（Paul Mantoux）教授、联合国翻译处创始人让·艾赫贝尔（J. Herbert）教授等。口译逐渐成为一种职业化的双语语言交际工作，可以说，在20世纪诞生了现代社会的技能化口译。

第二次世界大战之后，各种国际组织相继组建，出现了许多全球性、区域性的政治、经济组织，各国之间的交往也更加频繁，口译的作用越来越突出，在德国、美国、瑞士、法国等国，都设立了专门为国际会议培养高级译员的翻译学院。1953年，国际会议译员协会正式成立，标志着口译人员社会地位的确立，口译作为一种语言艺术与职业开始快速发展。

二、西方口译研究

（一）西方口译研究发展

1952年，瑞士的艾赫贝尔教授发表了《口译手册》，开启了口译研究的先河。西方的口译研究迄今已经历了半个多世纪，形成了相对成熟的理论体系，其口译研究发展历程大致分为如图2-3所示的四个阶段。

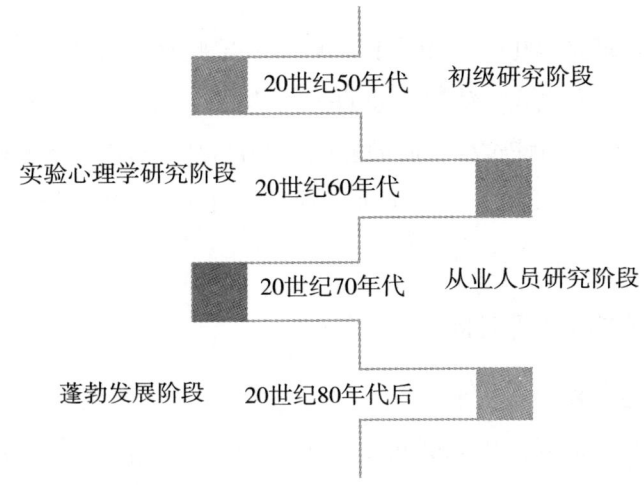

图2-3 西方口译研究阶段

初级发展阶段主要以口译从业人员的个人工作经验、对口译活动的观察与思考为主，其中罗赞（Rozan）在《连续传译的笔记》一书中，对交替口译笔记的基本原则与方法至今仍被广泛学习。这一阶段基本上是经验总结，探究了口译的基础问题，真正意义上的理论研究并不多。

实验心理学研究阶段主要是心理学家与心理语言学家利用心理学和心理语言学相关的理论，对口译的认知问题进行研究，并对口译过程提出了一些假设。这一阶段的研究将口译与认知科学相结合，为口译的全面研究奠定了基础，提供了新的研究方向。

从业人员研究阶段主要是译员开始进入口译研究领域，代表为巴黎高等翻译学院的一批学者提出的释意派理论，其强调以意义为中心，不主张逐字、逐句翻译，这一理论至今对口译与口译教学仍有较大影响。不过他们的研究多是内省式与经验式的理论推演，缺乏实证性研究与跨学科研究。

20世纪80年代中后期，口译研究进入学科性与跨学科研究阶段，口译研究开始蓬勃发展，主要表现为研究者的群体不断壮大、新的研究成果不断出现、相关学术刊物陆续创办、各种翻译协会相继成立等方面，而且研究者的学术态度更加开放，注重汲取相关学科的研究成果和与相关学科的合作研究，口译研究的科学性不断增强，出现了大量实证性的研究成果。

在口译被研究的几十年中，其先后形成了几种比较成熟的研究模式，如释意理论的研究模式、认知处理的研究模式、话语互动模式等。西方的口译研究逐渐转向口译过程背后的复杂认知活动，如将口译还原到其所处的交际语境中进行研究，对口译研究的社会性文化交际活动进行复杂性研究。

（二）西方口译研究特点

1. 以会议口译研究为主

口译作为一种获得国际认可的职业，始于"一战"后的各种国际会议，会议口译的职业化促进了口译的研究。会议口译指在多语言环境的国际会议上通过口译员的口译工作使与会者进行正常交流，他们之间的语言障碍造成的影响几乎可以被忽略。会议口译包括各种国际谈判会议、科技研讨会、国家访问等，目前的国际会议多为同声传译，偶尔使用交替传译。西方的口译研究最早就是对会议口译的研究，这方面的口译研究也是目前成果最丰富、研究最系统、发展水平最高的一个领域。

2. 研究视角多样化

在口译研究的初期阶段之后，不同学者从各种视角对口译问题进行了研究，至今很多理论研究仍在指导着口译实践。

第一，实验心理学研究阶段盛行的信息处理范式，借用认知心理学的概念与模式，研究原语与目标语之间的信息传递，将原语语法结构视为重要困难因素，代表人物为杰弗（David Gerver），他最早提出了同声传译全过程模式。

第二，释意派理论提倡口译以意义单位为基础，将口译分为听力理解、抛开原语语言外壳获得其表达内容、译语表达三个阶段，释意理论强调对内容的理解和翻译，对口译训练有着积极的影响。

第三，20 世纪 90 年代，意大利特里斯特大学的口译神经生理学研究为口译研究提供了新的视角与研究成果，主要是针对口译时译员脑神经的反应与译员脑组织的偏侧性，以及探索口译活动时的大脑思维模式与记忆规律，逐步对口译的认知过程进行研究。

第四，对口译进行跨学科实证研究也被广泛接受，主要从语言学、社会学、心理学等领域展开对口译的实证研究，如法国的丹尼尔·吉尔（Daniel Gile）借用认知科学概念创建了著名的口译认知负荷模型。

3. 口译研究围绕五个主题

在西方的口译研究中，虽然研究方法、研究角度、研究重点各有不同，不过总的来说，研究人员对口译的研究主要是围绕图 2-4 中所示的五个主题展开的。

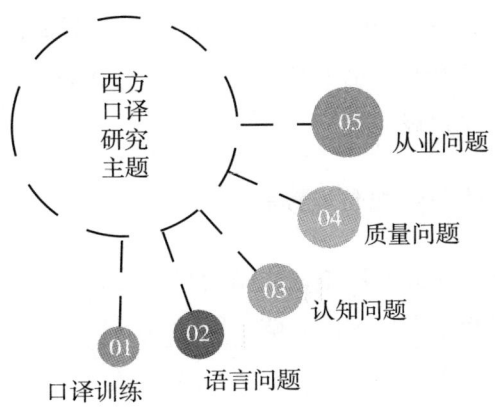

图 2-4　西方口译研究主题

第一，口译训练是研究的最热门主题，这是因为多数口译研究者为从业人员或口译教师，他们对口译训练非常熟悉。这一研究主要围绕训练原则与训练方法进行讨论，并对已有的训练项目进行专门研究。

第二，语言的研究是口译研究的重要内容之一。口译是一项非常复杂的双语活动，语言也是口译研究的重点，语言的句法结构、句型转换及译语的准确性、连贯性等都引起了很多研究者的兴趣。

第三，认知问题是实验心理学研究阶段的研究热点，主要研究译员在口译过程中的心理活动、语流比较、高语速处理等。

第四，口译质量曾经是从业人员研究阶段的研究主题之一，起初多是规约性文章，之后口译的质量问题也成为实证研究关注的内容。

第五，对口译进行研究的学者多是口译从业者，因此译员的从业问题也一直是口译研究的热门内容，对译员的培养、译员的工作环境、译员的社会地位等方面进行研究。此外，现代社会中的电话口译、媒体口译等也逐渐受到研究者关注。

4. 形成多个有影响的口译研究中心

一些翻译院校在口译研究领域取得了显著成绩，成为口译研究的中心。如法国巴黎高等翻译学院与巴黎第三大学，前者提出的释意理论极大影响了口译的研究，后者创办的国际口译研究信息网公报提供了研究口译新动态的平台。再如意大利的特里斯特大学翻译学院也发展成为有影响力的口译研究中心，该校于1986年主办的大型口译训练研讨会是口译研究的转折点。此外，奥地利维也纳大学、美国乔治敦大学、加拿大蒙特利尔大学等，都曾出现大量口译成果。

（三）释意理论与认知负荷模式

在西方对口译的研究发展中，法国的释意理论与认知负荷模式对我国的口译研究与口译教学有较大的影响。因此本书接下来将对二者关于口译的研究和理论进行简单阐述。

1. 释意理论

释意学派是20世纪60年代末产生于法国的一个探讨口译、非文学笔译的原理与教学学派，该派提出的释意理论直接源于口译实践，对口译研究和教学有着独特的启示。释意理论的英译是 the interpretive theory 或 the interpretative approach，理论核心就是"意"，主张翻译就是"释意"，翻译的过程是交际过程，语言符号不是译员唯一的工作对象，译员的目的是译语听众接收效果与原语听众等效。

释意理论将口译过程分为三个阶段（见图2-5）。

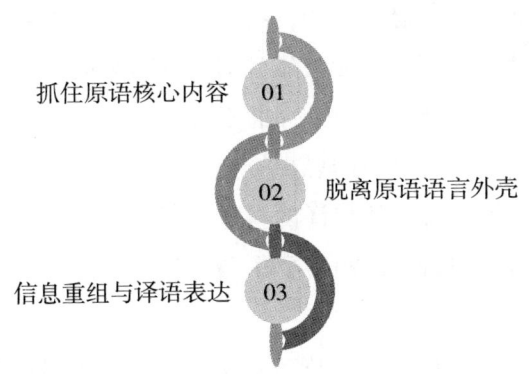

图2-5 释意理论的口译过程

第一阶段的任务是抓住原语的话语内核。口译的工作对象一般是声音符号，这些声音符号按照一定的语言规则与说话人的讲话意图，经过排列组合形成一定的含义或内涵，口译的过程就是将这些内涵先转换为译员的思想，再转换为听众思维框架下的思想，这个过程就是"话语阐释"。译员首先要把握听到的内容主旨与通过这些话语得到的说话人的思想，即原语的话语内核。

第二阶段的任务是脱离原语的语言外壳。释意理论强调翻译意义，也是为了摆脱原语言符号的制约。简单来说，译员已经理解了原语的核心内容与中心思想，那么作为内容载体的语言外壳就不需要存在了。然而在口译的实践中，往往会受到双语的干扰，因此摆脱原语言外壳是一项需要长期训练才能做到的自觉行为过程。这一理论为"意译"提供了重要支撑，也使翻译学逐渐发展为一门独立学科。

释意派认为，语言载体与思想内容是可以被分开的，语言可以表达思想的一部分甚至全部，但是语言不等于思想，而思想可以通过语言表达，但思想不一定非要通过语言表达。思想与意义的本质不是声音或文字符号，这些符号只是辅助传达，一旦完成任务，就可以立即被舍弃。

在释意理论中，记忆方法可以分为内容记忆法与文字记忆法，内容记忆法的特点是只要理解内容就可以复述出来，是对讲话内容全面领会并迅速做出分析的结果，而文字记忆法则需要花费更多时间进行背诵。对译员来说，如果在处理声音信息过程中，将太多的精力花费在文字符号上，即使译员可以做到理解记忆，也无法做到对原语言外壳的丢弃，在进行口译时更容易受到原文的干扰，导致翻译的不通顺。

第三阶段的任务是将译员的思想转换为听者思想的信息重组，并合乎译语习惯地表达出来。即根据口译的特点和要求，将原文内容准确完整地接收并理解后，使用符合译语语言要求与习惯的表达，将内容清晰、流利地转述出来。

塞莱斯柯维奇曾经在《口译技巧》中，做了一个很有趣的比喻，她将法语翻译成英语的过程比喻成这样的过程：将一件法国式样的毛衣拆开，经过梳理，再按照英国的式样将它织成一件新的毛衣。新旧毛衣的本质是相同的，只是在款式上有区别，但是这点区别并不影响新旧毛衣的使用者对它的感受。在这个比喻中，"毛衣"就是语言的内核，款式就是语言的外壳，在编织新毛衣时，这个"外壳"就已经被忽略了。

需要指出的是，虽然释意派的理论研究范围十分广泛，依然无法囊括所有翻译现象，不过，该理论对翻译学的发展与实践指导仍然有十分深远的影响。

2. 认知负荷理论

在20世纪80年代，关于译员的错译和漏译现象的研究多集中在"注意力"的问题上，但是吉尔认为导致错译漏译的原因很多，不能简单归咎于译员自身。1999年，吉尔提出了口译员在口译工作过程中需要某种"精神能量"的重要观点，而译员在口译时所需要的"精神能量"有时甚至比可用的要多，且这些"精神能量"并不能一直保持高质量，吉尔将这些"精神能量"称为"认知负荷"。

吉尔认为，在口译过程中，口译工作者一定会在某段时间中，同时进行原语信息听辨、原语内容记忆、口译笔记阅读和译语产出表达，也就是说，听辨负荷、短期记忆负荷、阅读笔记负荷、译语产出表达负荷在这段时间同时处于一种兴奋状态，并且都占据口译员的精力、注意力。吉尔将交替传译过程中的认知负荷总量总结为以下公式：交替传译中认知负荷需求总量=听辨负荷需求总量+记忆负荷需求总量+产出负荷需求总量+协调负荷需求总量，即 $TR = LR + MR + PR + CR$[①]。

通过大量实验与实验数据，吉尔提出口译工作者的口译实践活动（交替传译）必须满足以下五个不等式条件才可以使口译活动顺利进行：

（1）可用认知负荷总量＞听辨负荷需求量+记录笔记负荷需求量+记忆负荷需求量+协调负荷需求量，即 $TA > LR + NR + MR + CR$。

（2）听辨过程可用认知负荷量＞听辨负荷需求量，即 $LA > LR$。

（3）记录笔记过程可用认知负荷量＞记录笔记负荷需求量，即 $NA > NR$。

（4）短期记忆过程可用认知负荷量＞短期记忆负荷需求量，即 $MA > MR$。

（5）协调过程可用认知负荷量＞协调负荷需求量，即 $CA > CR$。

此外，吉尔在《口笔译训练的基本概念》一书中，分别针对同声传译与交替传译提出了两组等式：

同声传译模式：$SI = L + M + P + C$

同声传译模式＝听力分析+短期记忆+言语传达+协调

交替传译模式：Phase Ⅰ：$CI = L + N + M + C$

交替传译（第一阶段）＝听力分析+笔记记录+短期记忆+协调

Phase Ⅱ：$CI = Rem + Read + P$

交替传译（第二阶段）＝调动短期记忆+阅读笔记+译语表达

相关的理解模式为"理解＝语言知识+言外知识+分析"，即 $C =$

[①] Hansen Gyde, Chesterman Andrew, Gerzymisch – Arbogast Heidrun. Efforts and Models in Interpreting and Translation Research: A Tribute to Daniel Gile [J]. Benjamins Translation Library, 2009.

KL + ELK + A。

这些等式形象地将译员的符合总量与不同类型符合之间的关系做了比较,如果认知负荷需求总量没有超过可用认知负荷总量,口译中也会犯错,这可能是由于不同类型的认知负荷未能得到合理分配。例如,在口译过程中应用过多的产出负荷,就会没有足够的听辨负荷完成下一个语段的听辨工作。因此,口译员的协调负荷也十分重要,要合理分配各项负荷,从而减少出错,提高口译效率。

对于同一项口译工作,TR 通常是常量,即对任何译员来说,该项任务所需的认知负荷总量是固定的,但是 TA 值是可以通过训练与经验积累获得提高的。L、N、M、C、P 则都是变量,而且彼此之间存在一定的竞争关系。

在吉尔提出认知负荷理论之后,中国许多口译专家都对此进行了更加广泛、深刻的研究。如仲伟合教授在吉尔认知负荷理论基础上,提出了译员知识结构公式,指出译员的知识结构要由百科知识、双语能力、口译技巧等多方面组成①。杨眉教授提出口译教学课程设计要以学生认知水平为基础,并通过降低口译材料难度等控制内在负荷的方式,降低外在负荷,增加有效负荷,以激发学生学习口译的动机②。总之,吉尔的认知负荷理论对口译的过程研究与口译教学的研究都有着重要意义。

三、中国口译研究

(一) 中国口译研究内容

结合口译研究的历史与现状,中国口译理论研究可以大致分为一般口译研究、特殊口译研究、应用口译研究三部分。

一般口译研究是对口译的性质、过程、标准等根本性问题的研究。其

---

① 仲伟合. 译员的知识结构与口译课程设置 [J]. 中国翻译,2003 (4):65-67.
② 杨眉. 认知负荷理论在口译教学设计中的应用 [J]. 教育与教学研究,2009 (12):17-19.

中，口译的性质研究包括口译的定义、口译与笔译的比较、口译的目的、口译的社会功能等问题；口译的过程研究包括译者的信息处理过程研究与此过程中译者的心理活动、认知特点等问题的研究；口译的标准研究主要是对口译质量的一般标准、特殊口译任务质量标准、评估方法等问题的研究。此外，一般口译还包括对口译译员的工作问题研究及对口译发展史与口译教学史的研究。

特殊口译研究是对特定两种语言的对比和互译与对两种不同文化的对比的研究，从而提出口译指导两种语言互译的理论，这方面口译的研究与笔译研究是比较相似的，可以相互借鉴。

应用口译研究主要指对口译技巧、口译教学与培训的研究。口译技巧研究包括口译的基本技巧研究与特殊技巧研究；口译教学与培训研究主要指对口译的教学原则、教学内容、教学方法、教学力量、教学检测等问题的研究，同时包括口译教学实践的具体环节研究，如课程设置、教材编写、教学评估等，以及对口译测试和口译资格认证等问题的研究。

（二）中国口译研究特点

首先，口译过程研究由描述口译阶段过程转向深入研究译员思维过程的规律。近年来，随着对口译研究的深入，人们意识到口译不仅仅是两种语言代码的转换过程，更重要的是语言信息的理解转换。口译的研究视角也越来越多元化，如研究口译过程中的信息处理模式、研究口译认知过程、研究译者思维特点与规律等。

其次，口译标准研究由一般原则的抽象概括经验，上升为理论指导的直观量化研究，使质量评估标准更加客观、全面。如陈菁借鉴了戴维·巴克曼（David M. Bachman）的交际法语言测试理论，设计了一份详细的口译测试量化表；刘和平从科技口译与一般会议口译的差异入手，探讨了科技口译质量评估的问题。这些都标志着口译标准研究向着更加科学的方向前进。

再次，口译教学方法研究与口译培训教材编写朝着更加专业化、系统化的方向发展，先后出现了吴冰主编的《汉译英口译教程》、冯建忠主编的《使用英语口译教程》等代表性的教材。

最后，口译能力研究日益受到重视，之前口译的研究主要是从业人员的经验之谈，因此口译往往被视为一种单纯的技巧。但是21世纪以来，口译界逐渐意识到口译是需要经过专业培养才能获得的技能，并且口译有其自身的科学规律，译者的语言能力、反应能力、记忆能力、理解能力等都影响着口译的综合能力。

（三）中国口译研究发展趋势

随着对高质量口译人才需求的增多，我们需要继续加强对口译理论的研究，发展出一套适合汉语与其他语言互译的口译理论，我国今后的口译研究主要有图2-6所示的几个趋势。

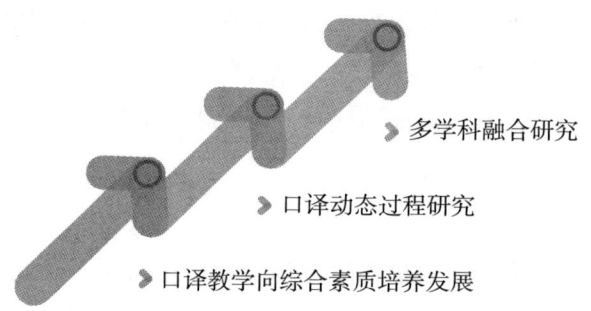

图2-6 中国口译研究发展趋势

第一，多学科融合研究。随着各学科研究的不断深入，很多学者将本属不同领域的理论结合研究，或将某一学科理论研究方法用于另一学科中，取得区别于传统的研究成果。口译研究也从单纯的语言学科的研究，逐步与认知心理学、神经生理学、社会学等进行跨学科的融合研究，这样的研究可以使口译的理论研究更加科学、全面，更好地指导口译活动。

第二，口译动态研究。以往的口译研究与笔译区别不大，都是从口译的原语与目标语进行分析，是静态的结构研究，但是口译作为交际活动的一部分，始终处于动态之中，交际环境、主题甚至交际对象都在不断变化，人的大脑也处于不断的思维活动中，因此要研究口译的转换机制，必须对口译过程进行动态研究。

第三，口译教学向综合素质培养发展。口译是一项多任务的活动，译者需要在特定实践内同时处理多种工作。因此，译者的素质培养是多方面的，除了语言技能外，还需要具备合格的心理素质、渊博的知识储备等。一些学校还将口译教学与德育教学结合，以提升学习者的综合素质。

（四）中国口译教学发展

与西方口译教学相比，中国的口译教学起步较晚，国内的口译教学最早始于20世纪60年代北京外国语学院开设的口译课程。到了1979年，北京外国语学院重新成立首届联合国译员培训班，再次引领了国内的口译教学。1979年之后，我国的口译教学大致经历了萌芽期、生发期、蓬勃发展期三个阶段。

1979~1989年是我国口译教学的萌芽期。北京外国语学院、天津外国语学院、广东外语外贸大学等率先开设口译课程，1985年，厦门大学为高年级本科生开设口译课程，是国内最早实施口译教学的综合类大学之一。当时的口译教学条件比较简陋，但是很多口译教学者已经开始对口译与口译教学有一定的认识，如关注口译的实践性与场景的真实性、强调口译记忆与笔记的重要性、重视口译题材的多样性等。但是，当时的口译教学多为经验之谈，缺少系统性与理论性，授课流程也只包括听译与纠错。这一时期的口译教学发展尚属星星之火，但是为今后的燎原之势奠定了一定的基础。

1989~1999年是我国口译教学的生发期。这一时期的口译教学相比萌芽阶段，明显呈现上升发展态势。首先，一些非外语类高校也开设口译课程，一些师范类、理工类、综合类高校的口译教师纷纷开始发文探讨口译教学。其次，口译教学不再局限于英语口译，日本、法国、德国、俄罗斯等语种的口译课程也开始走入校园。最后，口译教学及其研究逐步开始系统化，一些研究者和教师开始引入国外的成熟口译理论与培养模式，对国内的口译教学产生了深远的影响；另外，国内的口译研究者也结合我国具体国情与外语学习情况，探索行之有效的教学模式，并编选合适的口译教材。例如，厦门大学口译教研小组提出的"厦大口译模式"就深刻影响了国内的口译教学。

到了 20 世纪末，口译教学不仅在数量和规模上不断发展，教学深度也有了一定的拓展。在上一个十年期间，口译教学主要针对高年级的外语专业本科生，到 20 世纪 90 年代，研究生阶段也开设了口译教学的相关课程。1994 年，厦门大学就招收了第一批口译方向的研究生；同年，北京外国语大学成立高级翻译学院，这也是国内第一个专门培养翻译高级人才的高级翻译学院；1997 年，广东外语外贸大学成立翻译系，并开设同声传译课程。这些都体现出了我国口译教学事业的飞速发展。

21 世纪以来，随着各国交流日益增多，对口译人才的需求也随之增加，口译教学受到了更多的关注与重视，呈现出繁荣发展的景象。2000 年，高等教育外语专业教学指导委员会将口译课列为中国高校英语专业必修课，这一举措明显提高了口译课程在口译人才培养体系中的地位，促进了我国口译教学的普遍发展。在北京外国语大学之后，上海外国语大学与广东外语外贸大学分别在 2003 年和 2005 年成立高级翻译学院。如今，西安外国语大学、北京语言大学、中山大学、天津外国语大学等都建有高级翻译学院。

此外，很多民办高校与高职高专类院校也先后开设口译课程，这些高校的口译课程更注重市场化与实用性，增加商务、外贸等口译题材的内容，但这一类口译教学会受到学生外语水平、师资配备等因素影响，导致教学效果往往不够理想，因此这类口译教学还处于摸索时期①。此外，随着各类口译与笔译资格证书的流行，市面出现了很多市场化的考证培训课，但是这类培训课由于教学时间短、以拿证为目的，过于商业化，为很多口译界人士所诟病。

综上所述，我国的口译教学已经形成了多语种、多层次、全方位的人才培养格局。一方面教学硬件大幅升级，很多高校的口译教学都有专门的同声传译实验室，另一方面口译教学体系也越来越细化，本科阶段的教学除了基本的口译教学之外，一些高校还开设了同传入门等课程，研究生阶段则有会议口译、同传模拟、口译工作坊等。此外，口译学习者也不再局限于在校学

---

① 卢信朝. 中国口译教学：现状、问题及对策 [J]. 山东外语教学，2006（3）：50 – 54.

生,学习者也越来越多元化,社会化的口译教学成为学校教学的补充。

第三节　口译分类与基础概念

口译是以口头表达方式将信息由一种语言形式转换成另一种语言形式的语言交际行为。口译是这样一种活动:口译员在听取原语后,通过口头表达的方式以目标语向听众传达讲话人的意思,使操不同语言的交际双方或多方口译通过口译员的传译进行交流和沟通。虽然口译看起来是非常简单的活动,但是其操作过程并不简单,而且有多种不同形式的口译,分别适用于不同场合,且对译员的要求也不尽相同。

一、基础概念

我们已对口译的活动、口译的操作有一个大概的了解。那么,口译是如何定义的呢?口译的研究是从近代兴起的,许多学者都曾对口译提出不同的定义。

钟述孔(1984)认为,口译不是单纯的言语行为,而是一种涉及很多知识领域的跨文化交际行为。

任文(2010)说,口译是一种将原语信息转化成为目标语的转换过程,其目的是为了在跨文化交际中连接两种语言,并且减少文化障碍。

梅德明(2000)指出,口译是一种通过口头表达形式,将所感知和理解的信息准确快速地换成另一种语言形式的过程,进而达到即时传递与交流信息目的的交际行为,是现代社会中跨文化、跨民族交往的一种基本沟通方式[①]。

虽然以上每一种定义都不能完全说明口译的全貌,但是这些描述帮助我们从语言学、交际学等不同角度对口译有了一定的认识。人类的口译活

---

① 王超,董良和,张林影,唐琛编著.英语口译教学方法研究[M].牡丹江:黑龙江朝鲜民族出版社,2011:56.

动不是从一种语言符号转向另一种语言符号的活动，而是一种积极的、以信息意义传递为目的、具有一定创造性的语言交际活动，在这个活动中，要兼顾交际内容中的词语意义、行文意义、言外之意、文化意义等。因此，口译不仅是语言活动，更是文化活动、心理活动与社交活动。

从事口译工作的人称为译员或口译员，现代译员有职业译员、兼职译员、自由人译员几类。职业译员指职业为口译的人员，兼职译员则是有其他职业、以口译为兼职的人员，自由人译员以承接口译任务为基本职业，但是他们不属于任何翻译机构。无论哪种口译员，都一定是掌握至少两种语言知识与语言能力，并且掌握专业口译技能的人员。

二、口译分类

根据不同的分类标准，口译有着不同的分类方式（见图2-7）。

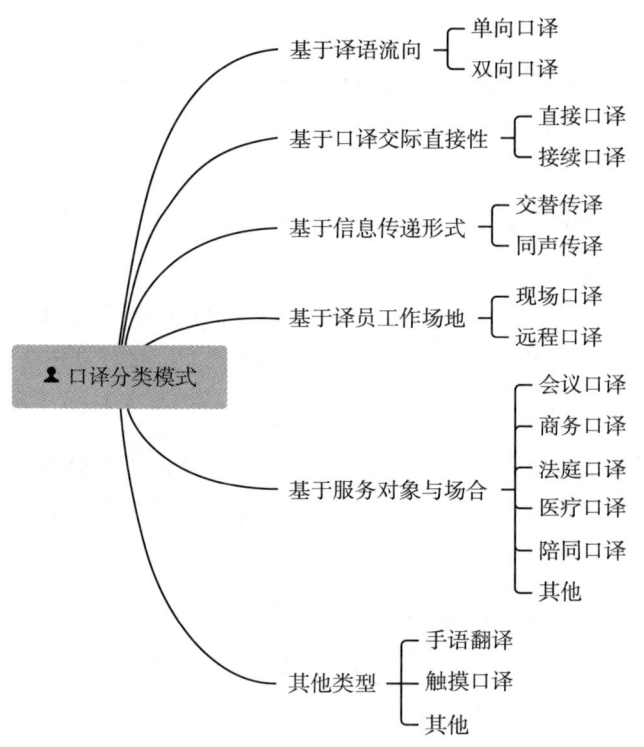

图2-7　口译分类模式

根据口译过程中信息的传送方式，口译可以分为交替传译与同声传译两种，这种分类模式是口译研究中最常见的。

交替传译也称即席翻译或连续翻译，简称"交传"，是译员在发言人停顿后将发言内容译给听众，译完后发言者再继续讲一部分内容，译员再翻译，原语发言与口译交替进行，因此称交替传译。一般会议口译要求译员能够听取五到十分钟的连续讲话，并运用良好的翻译与演讲技巧，将内容准确译出。

交替传译可以细分为两种：

一种是日常工作中的交替传译，如接待宴请、旅游购物等场合，依靠译员的大脑记忆就基本可以完成口译任务。

另一种是正式谈判或会议的交替传译，如谈判、会议、讲座、记者招待会等场合，译员通常需要口译笔记以辅助记忆。通常交替传译的场合比较严肃，对翻译的质量要求也比较高，如我国总理答记者问的新闻发布会上，就是使用交替传译的口译方法。

同声传译也称同声翻译或同步口译，简称"同传"，是译员在不打断发言者发言的情况下，保持与发言者几乎相同的速度，不间断地将发言内容口译给听众。同声传译能够保证发言的流畅进行，通常原发言与口译表达的间隔时间为三四秒至十几秒左右，是一种高效率的翻译方式，既不会影响讲话者的思路，也利于听众对所讲内容的整体理解。这种口译方式的认知难度较大，因此听众对翻译质量有一定包容度，如在联合国会议中，经常使用同声传译。

同声传译可以分为以下三类：

第一，电化传译，即译员身处传译间（同传箱）中，利用电化设备通过耳机收听发言内容，同时通过话筒将内容口译给听众，听众则需要使用耳机接收口译服务。

第二，耳语传译，译员将听到的发言内容小声译给身边的听众，不过这种方法只限于听众人数很少的情况，听众最多不超过3人。

第三，视译法，也叫读译结合法，即译员看着讲稿或屏幕将内容翻译给听众，不过在视译过程中，译员也需要同时听发言人读稿或讲话，即带稿同传。

同声传译是一项强度与难度都极高的脑力劳动。按照国际惯例，同声传译的工作一般是由2~3位口译员组成的小组来完成，每人工作20分钟左右，几人轮流上场、配合工作。同声传译不占用会议时间，且可以同时翻译成多种语言。例如，欧盟的各种大中型会议室中都配有多种官方语言的同传室，一场发言可以被同时译成十几种工作语言，以提供给不同国家的听众。

按照口译的服务场合与内容，口译分为会议口译、陪同口译、社区口译、法庭口译、医疗口译、礼仪口译、手语口译、宣传口译、特殊口译等。

以上各种口译活动中，陪同口译在口译市场上的占比是最高的。陪同口译也称联络口译，涉及购物、接待、生活安排、一般性介绍等方面，这种场合氛围比较轻松，对翻译质量的要求也相对宽松。不过陪同口译面对的内容十分细小琐碎，口译人员除口译工作外，可能还需要兼管其他事务。

会议口译涉及政治会谈、贸易谈判、学术交流等领域，其程序也多种多样，包括一段一译、一句一译等。在会议中，口译员要始终处于高度紧张的状态，要求其口译做到快速、准确、流畅，保证内容与细节的完美传达，使会议得以顺利进行。会议口译也是一项常见的口译工作。

其他分类方式在此不一一赘述，口译涉及很多方面的因素，不同的标准有不同分类方式，这些分类都在一定程度上说明了口译活动的特点与活动过程的复杂性。

第四节　口译思维与口译特点

口译是一项十分复杂的思维活动，在口译实践中，口译员要同时进行听、想、说、记等多种活动，对译员的口语能力、语言功底、记忆力、注意力等都有着非常高的要求。通过研究口译过程中的口译思维与口译工作的特点，帮助更多口译学习者对口译这项活动有更全面的认识。

一、口译思维

（一）口译过程研究

传统的翻译研究多关注翻译结果，较少注意翻译的动态过程，要想成为一名合格的口译译员，只关注结果不重视过程显然是不够的，对口译过程中的思维活动的特点进行研究，口译帮助学习者更有针对性地进行科学练习。

口译是借助已有知识对所听、所视的语言进行辨别、分析、理解、记忆和表达的过程，很多学者曾对口译的动态过程进行研究。法国巴黎高等翻译学院的释意理论学派是最早进行这方面研究的，该派理论在口译研究中有十分重要的地位，此后无论是安德逊（Anderson）的程序性知识发展模式，抑或是吉尔的认知负荷模式，都从不同角度分析了口译过程的各个活动环节，表明口译的整个过程一直处于动态之中。

口译工作的内容包含对语言进行理解和阐述，需要译者边听边分析、边分析边记忆或记录、边记录边理解，最后进行表达，整个过程中，译者的注意力是分散的。有些理论家认为，人类可以在不受外部环境干扰的情况下，同时顺利完成两种甚至多种复杂任务，所以译者在整个翻译过程中，对信息的加工处理并没有超出人的正常能力。

仍然需要指出的是，译者在对信息源进行理解之后，存储的内容是信息意义而非语言本身。事实上，意义的形成过程也是表述动机产生的过程，语言的客观规律说明，没有表述动机，也就不会有表达，"意在笔先"正是这样的道理。

（二）口译思维

思维指的是对表象、概念进行分析、判断、推理等认识活动的过程，思维活动在翻译过程的心理机制中处于中心主导位置，思维的内容指思维主体在思维活动中加工处理的一切信息与知识，取决于思维主体在社会实践中所接触的思维对象、思维的活动规律与内容影响，并制约着翻译的全过程。

口译的交际行为与单一语种的口语交际行为不同，译者既是信息的接收者，也是信息的输出者，因此译者在听辨信息时不能有丝毫懈怠或偏见，要听懂内容并且不被个人好恶所影响地接收信息，在表达时也不能掺杂个人观点，要将信息忠实地表达出来。研究口译的信息接收与输出可以发现口译思维的一些明显特点。

1. 口译逻辑思维

逻辑思维也可以理解为抽象思维，即运用逻辑工具对思维内容进行抽象和推演的思维活动，其特点为对象纯粹化、映象清晰化、含义一般化，这三点综合成为对象抽象化。学习外语的人都有这样的经历，听完一段话后，脑中有这段话的大概含义与一些词句，但是并不准确，会有"似是而非"的模糊感觉，出现这种情况的主要原因可以是以下几点：语言水平不足，未调取相关知识对所听语言内容进行理解，被动去听导致缺乏有意识的逻辑分析和推理，听懂了但是语义信息未真正储存下来。

所以，在对发言或其他内容进行口译时，首先要明白发言者是谁、主题是什么、发言特点是什么、内在有什么逻辑关系。在听的时候要有意识地进行记忆与分析，如果不了解这些因素，就容易出现分析时的逻辑思维混乱，特别是论述性的发言更加考验译者的逻辑思维能力。

例如，一段主题为"环保关系到经济可持续发展，更关系到后代的未来"的发言，从主题分析其逻辑关系包含以下几个方面：环保与经济的关系、目前经济发展与可持续发展的关系、可持续发展与未来的关系、未来的环境对后代的重要性。对译员而言，在听的过程与分析的过程中，抓住发言的逻辑关系对跟踪发言内容与重点十分重要，这样哪怕发言者进行旁征博引，也是围绕主题开展的。

在交替传译过程中，译者的逻辑分析还可以通过笔记体现，将发言者所讲内容进行分段记录与关键词记录，这样依靠笔记提示，可以帮助译者回忆起讲话的具体内容，进而完成口译的全部任务。例如，某公司年会上的总结发言，就可以将"问好、致谢、现状、问题、措施、目标"等关键词进行有条理的记录，这些信息线索与脑中的信息结合，就可以串联起发言内容，再进行口译的表达。

2. 口译形象思维

形象思维是指以形象为主要途径进行的思维活动，形象思维包括以下方面：把握对象的形象特征来识别其表层与本质、把握对象的形象联系对其进行理解和分析、把握对象的形象特征对其进行描述（包括艺术文学描述与科学技术描述）、把握对象形象的构图控制人的活动等，形象思维是人的基本思维活动形式之一。

无论是文学作品的翻译，还是日常发言的翻译，译者的形象思维是必不可少的。而且要能够理解原语和目标语的语言习惯中对同一词语或意象的不同形象产生，如"山村"一词，很多中国人会想到仍然需要振兴发展的乡村形象，而西方人会联想到回归并享受大自然的形象，再如对"龙"的理解，中国人会想到庄严、权威、神圣的形象，但是西方文化中的龙则是邪恶的形象。

形象思维与逻辑思维都有助于译者在口译过程中对接收到的信息进行概念化和记忆存储，进而提高口译表达的质量。汉语文字具有其他文字普遍缺少的象形特征，因此中国人的形象思维会更强一些，对口译十分有益。口译工作经常涉及叙述、描述性的讲话，如事件发展、产品特征等，这些描述性的内容都是离不开形象思维的。

3. 口译灵感思维

灵感思维是突然涌现并迅速消失的思维过程，是依赖直觉与潜意识活动而实现的认知和创造，产生由大脑对接收到的信息的再加工，储存在大脑中沉睡的潜意识被激发，即凭直觉领悟事物的本质。灵感具有如图 2-8 所示的几个主要特征。口译工作通常时间紧张，因此很大程度上是对译者灵感的考验，特别是在出现诗词、习语、比喻等文化差异明显的问题时，灵感的出现可以使译文更加生动、准确。

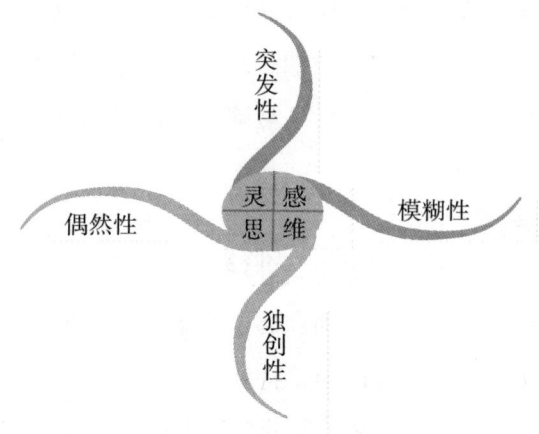

图 2-8 灵感思维特征

口译中灵感的出现也依赖其他因素，如果译者在正式口译之前将准备工作做到位，灵感产生的可能性也会大大提高。灵感并不是单纯的灵机一动，它受到很多交际语境因素的影响，只有大量的练习与实践的经验积累，才是灵感产生的前提条件。换句话说，翻译技能出色、实践经验丰富的译者，更能够在口译过程中发挥灵感思维的作用。

二、口译特点

勒代雷（Lederer）教授认为，翻译是由交际双方与两种不同语言组成的交际活动。口译与笔译都是这样的双语交际行为，对二者之间的异同进行研究可以帮助我们理解口译的特殊性。

笔译与口译在形式上具有相同之处，如译前准备工作的内容与方法、翻译过程中的信息理解与表达程序。但二者在活动过程中的差异也十分明显，笔译可以随时暂停进行资料查找或相关咨询，对遣词造句进行反复推敲，还可以无止境地对翻译的结果进行修改和润色，不过在笔译过程中，译者只能依靠自己的理解，无法很快获得读者的反馈。

对口译而言，口译的过程通常是无法暂停的，而且结果一旦说出就是确定且无法更改的。但口译的结果反馈是非常即时的，因为听众会对所听到的内容做出瞬时的反应，如当口译结果不够清晰或出现错误，听众会有表情反应或者示意提问的动作等。口译的双语交际特点及口译内容分析可以帮助我们解释真正意义上的翻译交际行为，口译主要有如图2-9所示的几个特点。

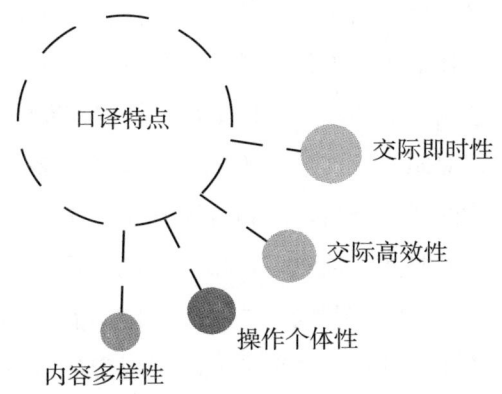

图2-9 口译特点

（一）口译的交际特点

1. 口译交际双方同时在场

笔译工作者对作品翻译过程中，通常原作作者不会在场，译者只需专注对作品的翻译即可。口译是双语的自然交际，译员相当于直接参与交际，要与听众一样理解讲话者的交际意图，接收交际信息，不同的是译员听到的是一种语言，表达使用的是另一种语言，在听讲时必须全神贯注并将谈话内容完整记忆下来，否则就无法使用译入语完整并准确地再现信息内容，特别是在同声传译中，如果译员遗漏信息或没有听懂信息，是很难弥补的。这种直接、面对面的交流更有活力，更方便信息的高效传递。

交际双方同时在场的特点，对交流的便捷性与信息的准确性都很有帮助，条件允许的话，可以不懂就问，根据听众反应做出修改，比如在交替口译中，译员可以根据听众"听不懂"的反应，要求立即重新翻译，在同声传译中也会出现类似的情况。有口译译员在场的双语交流与同种语言交流并无太大区别，只是多了译员的工作，而交际双方的即时反应对译员的口译工作也起到重要作用。

2. 交际情境比较理想

翻译是跨语言、跨文化的交际活动,而且是不同语言群体重要的交流媒介,是两种思维的转换,在这种转换过程中,翻译会受到客观环境、原语、原语听众、译者、译入语听众、语言信息等因素的影响。因此,口译不仅是语言的翻译,还要考虑人的表情、手势等非语言因素传达的交际信息,译者通过对这些信息的关注,可以更好理解发言者的意思。

在笔译工作中,对同一段文字,不同的译者会有多种理解,这就需要结合上下文进行正确的意义分析。在口译工作中,上下文固然重要,但是更重要的是信息产生的时间、地点、环境、在场人员情况等,口译工作比笔译工作有更强的交际性。例如,"门!"可能指"开门!",也可能指"关门!",只翻译"门"的名词含义是无法实现交际目的的,原语中的暗指在译语中要变为明指。

另外,交际背景知识对信息理解也很重要。笔译工作中,译者可以通过翻阅资料查找相应背景,对相关内容进行注释或补充,以使译入语读者可以理解原文意思。口译则需要译者对相关背景知识有一定积累,必要时,对译入语听众做出一定的背景解释,举例如下:

> 英:President Chirac, when he was Mayor of Paris, paid some air tickets in cash.
> 译:法国总统希拉克在巴黎当市长时曾使用现金购买机票。

上面这个例子翻译本身是没有问题的,但如果面对的是中国普通听众,可能无法理解为什么市长使用现金购买机票会引起媒体关注,译者就可以进行适当时机的解释。

在口译中,交际的上下文与主题都比较明确,交际双方与译员同时在交际现场,几乎不会存在歧义,有时候还可以通过声调、感情处理将信息表达得更加准确,这些特点在笔译中通常无法体现。

3. 交际效果明显

需要指出,语言是翻译的手段与形式,翻译的对象是语言表达的内容。在笔译工作中，不具备口译的交际环境，而且时间比较充足，因此译者可以反复阅读斟酌某一个词或某一个句子，可以随时中断翻译，甚至会出现前后理解不一的情况，在笔译的翻译过程中，是没有交际性质的，当然笔译一定程度上也不需要交际。

口译则需要译者在特定的时间内，完成听辨、记忆、理解、表达等任务，认知与思维的结果会很快表达出来，如果只停留在语言层次，口译者就无法理解信息，译员必须借助相关知识与认知功能在短暂实践内完成语言转换的过程，因为交际双方都需要尽快了解对方的意图并进行对话。

在笔译中，如果出现对原文的理解错误或内容遗漏，一般不易被发现，因为读者对原文所知甚少甚至一无所知，如果出现表达方面的错误，读者还可以在大脑中自行修正。口译则不同，如果译者的理解出现偏差或者表达不到位，双方的交际就无法继续进行，比如原语听众听完一段话后有了明显的反应，但是译者翻译结束后，译入语的听众则没有类似的反应，就说明翻译出现了偏差或错误，则需要译者进行重新讲解或改变翻译方式，以便双方的交际可以继续。

4. 口译操作个体性

口译是一种综合运用视、听、说、写、读等技能的语言活动，"视"指译者要观察发言者的面部表情、身体姿态、手势、情绪等非语言信息，"听"指译者耳听会意不同语速甚至口音的发言内容，"说"指译者能够使用不同语言进行流利表达交际的能力，"写"指译者在口译工作中快速笔记的能力，"读"指译者在视译时进行快速阅读理解的能力。不难看出，口译的各个环节都对译者本身有极高的要求。

口译通常是译者的个体工作，具有很强的独立操作性，在翻译过程中是"孤立无援"的，只能依靠自己的翻译能力与临场表现，需要独立处理所有难题与突发状况，因此译责十分重大。在翻译工作中，会涉及各种不同的主题与问题，如语言类问题、民族知识、自然科学等，这些都需要译员的知识储备与经验积累。

在口译过程中，译者没有机会查询相关参考资料，也不能打断发言者或要求其重复发言、解释发言中的难点。译者要对自己的工作负责，要明确自己的翻译是非常重要的，不可大意待之。大多数需要口译的场合，如国际会议等，是没有口译后续补救的安排的，我们强调"译责自负"，就是为了提高译者对工作的重视程度。

（二）口译的内容特点

口译内容最突出的特点就是不可预测性与内容多样性。译者可以根据主题进行有限的准备与预测，但是主观预测是不够充分的，也不可能准备得万无一失，特别是在记者招待会、商务谈判等口译场合，口译的主题千变万化，通常是译者甚至交际双方都无法提前预测的。

对职业译者来说，口译交际的内容是包罗万象、没有界限的，可以是科学技术、历史文化，也可以是政治局势、经济合作等，因此要求译者既要有扎实的语言功底、熟练的双语转换与表达能力，也需要译者具备多种知识基础。当然，这些都不可能一蹴而就，需要译者长期的知识和经验积累与充足的译前准备。

此外，口译的服务对象来自不同行业、不同阶层，有着各自的教育背景与文化背景，在交际过程中会出现自己专业领域内的知识或文化背景下的习惯表达，这些都需要译员调动自己的知识储备进行语言转换。当然，没有人可以事事皆通，但是口译的内容繁杂无限，当出现不同领域的专业内容时，译者的翻译技能与口译经验就显得尤为重要。

随着各国在经济、文化等领域的深入合作，我们需要更多的口译人才，架起双方沟通合作的桥梁，而口译的技能需要在科学的体系下习得。目前，我国已经有很多高校开设了翻译课程与专门的口译课程，旨在为社会培养更多高质量口译人才，而且在口译教学过程中，有很多与教师、同学进行探讨和实践的机会，有助于学生对口译这一职业的认识。下面就高校的英语口译教学的相关内容进行研究。

第三章

高校英语口译教学

第一节　英语口译教学目标

对英语学习者来说，学习英语要达到的目的是做到听说读写译，而英语专业与非英语专业的学生又有不同的学习需求，前者注重英语学科的本体论、实践论、学习方法等，以提高对该语言的认知、赏析、应用能力，后者更注重语言的实践应用效果。随着我国与世界交往日益增多，对懂英语、懂翻译、会口译的人才需求也逐渐增多，口译作为翻译的重要部分，口译教学也受到重视，并且对我国高等院校的口译教学工作也提出了更高的要求。英语口译教学应该有明确的目标定位，结合专业特点，培养具备专业素养的口译工作人员。

一、初级、中级口译教学目标

根据翻译专业的教学要求，翻译教学内容包含双语知识与技能、翻译技能、相关知识与人文素养这四大模块，无论是语言学类课程还是口译课程或者各种翻译课程都离不开这些教学内容，但在训练强度与技能掌握程度上有所区别，根据这些教学内容，可以将这个阶段的口译课程目标总结如下。

首先，要了解翻译的性质、形式、基本概念与认知过程。初级和中级阶段的教学都需要帮助学生获得翻译的一般知识，如翻译的发展、分类、作用、标准和原则、口笔译的区别、口笔译的技巧与翻译过程中的信息转换等。这些基础知识有助于学生对翻译形成整体认知，并了解到语言功底与知识储备对翻译工作的重要性。这些教学内容要体现在教学的各个环节中，依靠学生的积极参与，而不是单纯依靠书本或老师的讲解获得。

其次，要培养学生的双语思维能力，掌握翻译的基本技能和方法。在语言的学习阶段强调其语言思维，但是在翻译的教学中就需要帮助学生培养思维模式的转换，释意理论中的"脱离原语语言外壳"就是形成转换思维的关键。此外，要着重培养各种翻译的基本技能与方法，在口译训练之前，可以先进行笔译训练，使学生对各种翻译方法进行练习，有助于口译训练中提高口译技能。

最后，在初级、中级教学阶段，要实现技能培训与双语语言能力提高的双重目标。根据教学大纲要求，在本科教学阶段，除教授翻译技能的训练之外，还要帮助学生提高双语理解和表达能力，并且在教学过程中不断拓宽学生的知识边界，只有足够全面的教学与引导，才能帮助学生获得在口译工作中必备的技能与应对突发状况的能力。

在初级阶段的翻译教学是翻译的启蒙阶段，要树立正确的教学目标、采取科学的教学手段，对学生未来的职业发展十分重要。《高等学校翻译本科专业教学要求》中指出，在教学中要开展多种多样的教学活动，充分调动学生学习的积极性，激发学生学习动机，积极参与学习，并且要引导学生主动利用互联网获取学习资源。

考虑初级、中级阶段翻译教学与口译教学的课时量，与学生的语言功底等客观因素，同声传译的训练不宜在此时开展，这一阶段的口译训练形式应该以交替传译为主，适当安排一些视译教学，旨在训练学生具备口译的基本技能，并通过一定口译实践，感受这些技能在实践中的应用。

二、高级专业型口译教学目标

高等学校翻译硕士（MTI）培养的目标为：培养德、智、体全面发展，能适应全球经济一体化及提高国家国际竞争力的需要，适应国家社会、经济、文化、社会建设需要的高层次、应用型、专业性口笔译人才。

我国已有两百多所高校开设了 MTI 翻译专业，但其学生水平与学校教学水平均有差异。一些学生在本科阶段并未接受过正规的翻译或口译教学，因此，在实际教学过程中，也要根据学生的情况因材施教。不过，这一阶段的口译教学是本科阶段教学的升级，更是学生走向职业化的平台，因此，其训练的强度更大，实践要求也会更加严格，教学目标与内容都与市场的真实需求更加贴合。

在研究生阶段，口译的教学内容应该包括交替传译、视译、同声传译，交替传译训练的信息听辨能力、分析转码能力、记忆能力、笔记能力、表达能力等对同声传译有着重要作用。在教材方面，各学校可根据专业特色与培养方向而定，如突出经济、法律、环保、商务等主题。

第二节　英语口译教学理念与教学原则

仲伟合（2000）指出，口译的教学理念与教学原则的研究是比较有中国特色的研究领域。以口译从业者、口译教师为代表的研究人员对口译的教学理念和教学原则进行了广泛且深入的研究，其中比较有代表性的是广东外语外贸大学的口译教学与研究，他们针对口译教学进行了应用性的研究，对口译教学现象进行观察与归纳总结，并从中提炼出口译的教学理念与教学原则。

一、英语口译教学理念

根据对口译教学现象的研究，结合口译教学的相关理论，英语口译教学理念主要有如图 3-1 所示的五点。

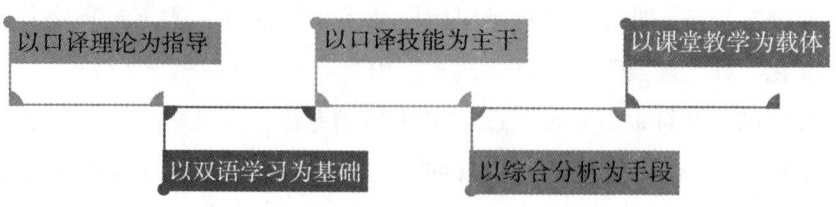

图 3-1　英语口译教学理念

（一）以口译理论为指导

理论是对实践的指导，口译教学也是如此，目前有很多关于口译和口译教学的理论，其中释意理论、认知负荷理论、功能目的理论等都有较强的实用性。在口译教学中，除了基本教学理论的应用，教师更要多对口译相关理论进行研究，并在教学中发挥这些口译理论对实践的指导作用。

（二）以双语学习为基础

口译教学的基础在于对英汉语言的学习与对比，只有对两种语言都有了深入的认识，具备较强的语言功底与双语思维，才能更好地帮助口译学习者进行口译学习。在口译学习过程中，就要不断对英汉两种语言进行对比分析。

例如，以英汉语言中常见的介词来说，二者的用法与含义有时是直接对应的，像 on the table 就表示"在桌子上"。但是汉语中一些介词是由动词变化而来，如"乘坐火车去"中的"乘坐"本来是动词，但是这里是介词性质，译为英语是 to go by train，要使用 by 一词，可以看出在英语语言中，介词与动词通常是没有词源关系的。再如 a girl in red，这里的 in 就表示"穿着"的意思，译为汉语就是"一个穿红衣服的女孩"。

除介词外，英汉语言在词序、句子衔接、重心位置等方面都有所不同，如汉语的修饰语、定语会在前面，因此结构重心在前，但英语则正好相反，这与汉语思维和英语思维的差异有关，也与不同国家的社会风俗等导致的语言表达习惯的差异有关。对英汉语言进行异、同对比，可以帮助学生在口译时克服母语的干扰，更好地理解原语并使用译语表达。

(三) 以口译技能为主干

在口译教学过程中,口译技能的教学是主要内容,对口译理论与双语知识的学习也只能帮助学生理解口译的内涵、意义等,即使进行口译活动也是毫无章法的,因此要真正展开口译实践,必然需要相关技能的学习。口译教学的主要内容就是将口译实践中的经验传授给学生,包括口译的技巧、方法等。

如下面这组例子:

> 英:In the evening, after the banquets, the concerts and the table tennis exhibitions, he would work on the drafting of the final communique.
> 译:在晚上参加宴会、出席音乐会、观看乒乓球表演之后,他还要起草最后的公报。

原语中的 the banquets, the concerts, the table tennis exhibitions 都是没有动词的,而在汉语翻译中增加了"参加""出席""观看"等,这就是口译中非常常见的增词技巧。当然,要想合理利用口译技巧,需要熟练掌握汉英语言的表达习惯、表达要求等。

(四) 以综合分析为手段

在进行口译或笔译时,会发现很多句子的译法不止一种,这时就需要译员根据上下文内容、具体语境、发言者意图等因素进行综合分析,选择出最佳的译语表达方式。综合分析要求译员不仅要有过硬的专业素质与敏捷的思维,还要有深厚的语言功底,这样译语才能做到简洁易懂。如下面这组例子:

> 英:China is a very big country, with a very big population.
> 原译:中国是一个很大的国家,有着很多的人口。
> 改译:中国幅员辽阔,人口众多。

第一种译法是没有错误的,也准确完整转述了原语的信息,但是听起来会有点别扭，明显不符合汉语的语言风格。第二种译法显然更加简明，而且人们也习惯用"幅员辽阔"来形容中国，既完成了口译任务，又显示出译员的语言功底。

为了做到"准、顺、快"地做出口译，译员除了必要的语言知识外，还要掌握一定的背景知识，并运用科学的方法，对原信息进行多层次、多角度的分析。如下面这段对义乌介绍的翻译：

> 汉：义乌地处浙江省中部，属亚热带季风气候，温和湿润，四季分明。总面积1105平方千米，总人口170万人。
>
> 译：Yiwu, situated in the central Zhejiang Province, is endowed with the subtropical monsoon climate: warm clear four seasons. It covers an area of 1105 km² with a total population of 1.7 million.

这段汉语原句是一个由短句构成的长句，包括位置、气候、面积、人口这四项内容，读来一气呵成。在口译时，如果将"地处""属"等都译为动词，就变成四个独立句子了，也就失去了句中的联系与句子的连贯性。因此，在口译时，将这些内容也合为一句，不仅使译语和原语保持连贯性的一致，还可以清楚现实整段的语义结构。

（五）以课堂教学为载体

口译教学离不开课堂教学，教师可以通过课堂尽量详解教材，通过课堂实例传授口译的知识技能、过程手段，并对情感态度、价值观等进行相应引导，只有保证课堂教学的有效性，才能为学生提供更好的口译学习平台。

在课堂教学中，要始终坚持实践原则与以学生为主体原则，鼓励学生积极参与课堂实践。首先，教师要将技巧结合实践进行讲解，使学生明白口译技能的实际作用。其次，学生的实践练习要贯穿整个教学过程，不仅包括课堂实践，也包括课前、课后的各种口译实践。最后，课堂上也不能仅靠教师讲解，讲解为辅，实践为主，要采用多种教学方法提高学生参与口译实践的积极性，帮助他们在实践中切实提升口译技能。

二、英语口译教学原则

翻译的专业化特征与职业化导向，要求口译教学要以"技能"为中心，口译技能的习得、应用与巩固都离不开实践，同时技能的掌握要遵循学生的认知规律、循序渐进。结合仲伟合提出的口译教学原则①，我们将口译教学要遵循的原则总结为如图3-2所示的几点。

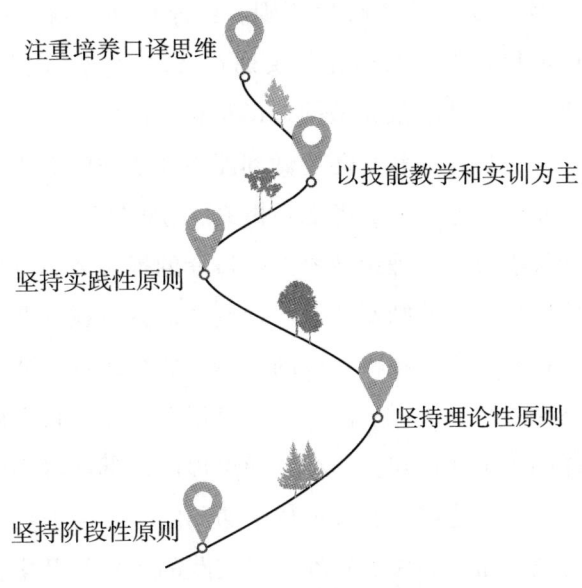

图3-2 英语口译教学原则

第一，口译教学要注重培养学生的口译思维。在口译的初级学习阶段，最终的一个内容就是培养学生的口译思维，由于英汉语言在句法结构上会有很多不同之处，如果学生只考虑语言的表层结构，在翻译时就要做出很多顺序结构方面的调整，如此译出的语句也会无法使听众理解。只有形成口译的思维方式，才能从语句意义上对信息做出理解分析，并且译语编码过程中的思路也会更加清晰，只有自己逻辑清晰，才能译出通顺的

---

① 仲伟合. 口译课程设置与口译教学原则 [J]. 中国翻译, 2007, 28 (1): 52-53.

语句①。

第二,口译教学要以技能学习和实训为主。口译教学容易与口语教学混淆,因此,要明确口译的专业特点,以口译技能学习为中心展开教学活动。口译技能不仅包括双语的口语能力,还要求译员要能够听辨不同发音的双语原语并且将其转换为符合表达习惯并且意义准确的译语,这些都需要专业的技能学习。此外,口译教学还需要坚持以实训为主,在技能学习的基础上,通过实践提高自身口译能力。

第三,口译教学要坚持实践性原则。口译技能本身就是实践性的知识,口译技能的习得、巩固与内化都要通过实践完成。因此,在教学中,教师要设计课堂实践,选取最典型的口译材料辅助实践,将口译课堂的实践作用发挥到最大。口译的教学还要做到课内外实践的有机结合,在课下练习材料或任务布置的选择上要考虑到相关性与难度梯级。

第四,口译教学要坚持理论性原则。口译的提升离不开实践,也离不开理论指导,坚持理论性原则要加深对理论的认识,在实践中体验理论的作用,认识到实践与理论是相辅相成的。不同的翻译理论从不同角度对翻译这一活动与翻译的结果进行了剖析,可以帮助学习者自上而下地认识翻译,形成对翻译的较全面认知。如释意理论提出,翻译时不应拘泥于语言的形式,要抓住语义,这就为实践过程中遇到的形式与内容不对等的情况提供了相应的解决思路。如果没有理论对实践的引导或升华,译员对翻译的认知就是非常有限的。

第五,口译教学要坚持阶段性原则。口译训练的内容很多,要求也不完全一样,不可能齐头并进,更不可能速成,在口译教学与口译实践中,要符合科学规律,循序渐进。刘和平指出,口译的技能训练包括粗略掌握、巩固提高、运用自如三个阶段,根据这三个阶段进行教学,使学生从初级基本感知和了解,到中级技能基础训练,再到高级自动化训练,最终形成翻译技能自动化。口译教学要根据口译习得规律,从听辨、理解、记忆、笔记、表达等方面进行重点技能实训。

---

① 鲍川运. 再议大学本科口译教学[J]. 外语教育, 2008, 8 (00): 1-7.

三、口译教材编选原则

随着对口译教育与口译教学的日益重视,各种口译教材陆续问世,教材是实现教学目标的重要工具,也是课程知识的集中体现,教材、教师、学生是教育过程的基本要素。不过口译教材普遍缺乏符合实际应用需要的口语表达内容,缺乏口语特点,会导致学生在口译时缺乏交际意识,难以充分利用口译比笔译更加丰富的语境,影响口译时的反应速度。

口译教材的编选应该考虑以下因素:模拟口译现场情况,加强口语与常用词训练,结合语言知识并吸收专有名词,重视口语的语句逻辑,先教叙事性的"概念信息",再教信息型的"实质信息",并明确示范正确的表达方式①。

口译教材要尽量还原实境,要使用录音材料或录像材料,使学生可以对口译信息来源亲自耳闻目睹。同时,教材中的译语表达也应该是口语化的。在材料选择方面,要设置大量不同长度、不同形式、不同题材、不同主题的原语视听材料,帮助学生进行原语输入与译语输出的训练。

口译教材内容要包括语言知识的运用、专有名词的简介、"概念信息"与"实质信息"的区分、口译技能的教授、丰富翔实的举例等。口译教材的编选要符合口译人才培养的需求。

(一)口译教材定位符合人才培养体系

口译工作中的跨语言、跨文化情况增多,对口译人才的质量与数量要求也随之增长,对口译人才培养体系也要积极调整,构建口译教育的综合体系,增加口译专业人才培养试点单位。具体到口译教材方面,也要调整教材编选。

首先,教材层次要配合人才培养方案,确立不同阶段学生的培养目

---

① 杨承淑著.口译教学研究:理论与实践[M].北京:中国对外翻译出版公司,2005:37-40.

标，根据不同人才培养层次的要求对教材进行准确定位。如本科阶段的口译教材侧重入门与引领，注重基本技能的教学与事业开拓；研究生阶段则重点培养具有国际竞争力的高层次应用型专业译员，教材也要更具专业性，选取的示例与练习要更有深度。

其次，教材分类要支撑人才培养体系，根据不同的场景、形式、主题等，按照不同类型口译的习得顺序，编选各类教材，以促进对不同类型口译人才的培养。如果忽略学生对不同类型口译的接受程度，就容易由于教学提前导致所学模糊，无法深入掌握口译技能，也不利于基本功的学习。

最后，教材主题要满足人才培养需求，很多学校并未区分口语与口译教材，而且口译教材多为通用型，专业性教材少。口译人才的培养是为了更好满足口译市场需求，需要结合市场变化、教学理论与现代教学技术支持，加速不同专业主题的细分，探索立体式教材形式，培养学生的语言转换能力的同时，提升其跨文化交际能力与口译从业能力。

（二）口译教材内容契合口译形式特点

口译教材内容要符合口译形式特点，帮助学生通过教材内容习得口译的原则与方法，口译是通过口头表达进行跨文化交际的活动，因此口语化是口译教材必须体现的特点。如果口译教材只有书本这一种形式，那么口语化的特点就会被淡化，书面文字虽然可以直观看出讲话内容，但是无法反应讲话人的语速、口音等。而口译活动现场的录音、录像既可以展现口语特点，又充满口译活动的鲜活性，非常适合作为口译的训练教材。

另外，口译训练使用的材料内容要完整且独立，最好辅有背景介绍或译前准备信息，以方便学生进行必要的知识了解，从释意理论来看，也有助于学生在口译训练中充分理解发言内容。近年来的教材中也多有相关介绍，但是多为宏观的政治经济概述，对于具体的讲话内容、会议背景等的介绍则少之又少，一定程度上阻碍了口译的仿真训练教学。

在口译训练中，现实性也是重要因素之一，如2008年前后出版的口译教材中都加入了奥运会、世博会的内容，具有较强的现实性，但很多语篇训练为英译汉，实际上这类口译实践多为汉译英，这种情况就是口译的方向性被忽略了。因此，口译教材的编选一定要契合实践中的口译特点，这样对学生的培养才能做到有的放矢，如果教材与现实脱节是不利于学生的长远发展的。

（三）口译教材设计配合口译教学方法

口译教材的设计要能够提供支撑教学的理论框架，辅助规范教学与教学方法细节。

释意学派倡导口译教学要遵循由浅入深、循序渐进的原则，使学生逐渐掌握专业的口译技能与广泛的语言知识，最终获得胜任国际会议口译的职业能力。所以，教材设计也要囊括口译技能、语言文化、不同文体、不同难度语篇等。但是我国的早期口译教材普遍缺乏理论支持，导致内容编排不够合理，很少有教材是按照从简到繁、从具体到抽象、从叙事到辩论进行过渡设计的。

不过随着口译与教学研究的不断深入，口译教材的编选也有了很大好转：口译教材与外语、外语外贸教材区分开来，很多教材都采用了技巧的难易梯度与口译的线性程度进行设计，主题设计也遵循由浅入深的原则，从日常生活拓展到技术性专业性题材等。只有符合认知规律与技能习得规律的口译教材，才能更好发挥教学作用。

总而言之，口译教材的编选需要与现实结合，不仅与时事紧密联系，更要与学生学习发展规律紧密联系，还要尽可能还原口译实践真实场景。在编写口译教材时，要明确每节课的教学目的，促进教和学的互动，加强自主学习，提升教学质量。此外，口译的一般教材也要与全媒体教材结合，借鉴最新研究成果，及时更新教学素材。

第三节　英语口译教学模式研究

随着现代教学理念与教学技术的更新，传统的课堂教学已经逐渐不能满足教师与学生的要求，因此，基于口译教学与学习特点的研究，很多新的教学模式应运而生，如流程图式教学、过程式教学、翻转课堂教学、竞合探究教学等。这些新的教学模式放大了教师在教学过程中的引导作用与学生的主体作用，对于提升教学效率、培养学生能力等都有一定的促进作用。

一、传统教学模式问题

英语口译的传统教学模式是以课堂、教师、教材为中心，教师容易将口译课视为口语课、听力课、笔译课、报告课、精读课，更多的是教师教授知识或方法，学生被动接受，缺乏互动与课堂练习，造成教与学的不和谐。在口译教学中，教师应该是主导而非主体的角色。

从口译教材来看，多为按照专题演讲、情境对话或角色扮演等模块展开，或者按照经济外贸、文化教育、商务旅游等顺序进行，虽然内容丰富多样，但是对学生来说，都是按部就班进行，缺乏实践活力。

根据建构主义学习理论，知识的获得不是通过教师传授得到的，而是学习者在特定语境中，通过人与人之间的协作活动获得的。口译教学是语言教学中非常复杂的一门课程，不仅需要语言基础与口译技能，更需要口译实践与人际交往，唯有这样才能帮助学生提升语言分析与运用的综合能力。在新时代的口译教学中，教师要充分研究新的口译教学理论，采用互联网设备与资源，加强口译教学对学生获得知识的积极促进作用。

二、口译教学新模式研究

近年来，随着对口译研究与口译教学研究的深入，出现了很多与传统的"教师讲授、学生听记"不同的教学模式，下面针对一些比较常见的口译教学模式进行探讨。

（一）过程式教学模式

过程式教学模式是基于口译活动的一种能动过程，在教学中以口译的过程为导向，并不过分强调结果，旨在对口译的能力展开分析，不断认知在口译过程中译员的思维活动、行为表现及翻译中遇到的问题和对策等①。因此，过程式教学可以帮助学生从口译过程中发现并解决问题，切实提升口译技能。

1. 过程式教学流程

首先，在学生的口译练习活动正式开始之前，教师要指导学生做好译前准备工作，具体地说，教师要提前预设口译的情境，如口译场合、口译主题、口译目的、具体要求等，教师还要帮助学生扩充学习渠道，如互联网、百科全书等，引导学生对口译活动相关的素材、术语进行分析讨论。

其次，在对学生安排口译练习任务时，需要对学生展开启发与引导，帮助学生对即将遇到的某些问题做好准备，如可能突发状况的应对等。

最后，口译练习结束之后，要对学生的口译进行灵活点评或讲评，讲评既可以由教师来，也可以是学生之间讨论互评。教师在讲评时要注重对口译过程的指导、分析、启发，不仅要指出过程中的失误、解答相关疑问，还要充分挖掘学生表现好的地方并予以鼓励，帮助学生有目的地提升口译技能。

2. 过程式教学特点

过程式教学重在对口译过程进行分析与解释，其重点并不是口译的结果，过程式教学的特点主要有以下几点：

第一，教学中侧重探讨在口译过程中出现频率较高的问题，并对错误原因进行溯源探究。

第二，在练习任务布置之前，要指导学生掌握口译的原则与相关技巧。

第三，在口译过程中不仅关注对词句、意义的理解，还要有意识地了解口译的过程。

第四，学生在反思或点评环节对口译的过程做出一定解释，可以对口

---

① 严明. 大学英语翻译教学理论与实践［M］. 长春：吉林出版集团有限责任公司，2009：268.

译过程有进一步的认知。

第五，口译标准多样化，鼓励学生采用灵活多样的表达方式进行口译，充分发挥学生的创造性与积极性。

（二）竞合探究教学模式

竞合探究教学模式源于美国教育家布鲁纳（Bruner）的认知发现学说，这种教学模式是基于合作学习理论，引导学生自己发现并解决问题的能力，培养学生的竞争意识与合作精神，提前感受真实口译活动的要求。竞合探究模式主要是通过学生之间的合作与竞争等一系列活动完成对口译任务的研究和探讨，合作可以有人机合作、师生合作、生生合作等形式，在探究过程中，学习者也可以采用多种形式，如小组档案、组间讨论等。

在竞合探究教学模式中，教师的主要作用是进行任务分配，教师要对教学内容与学习者的特点有整体的把握，任务分配要保证目的明确、主题清晰，以培养学生的探究能力为宗旨。学生可以使用外部资源的帮助，以小组合作等形式完成口译任务，教师在一旁对学生的任务完成情况与实施过程进行监控和指导，最后对学生的口译活动进行评估与反馈。

竞合探究教学模式的具体步骤如下：

（1）根据选题内容对学生进行分组，或让学生根据选题内容自行分组。

（2）针对主题内容与学生特点，为每个小组设计不同的任务重点。

（3）对小组实施调查。

（4）活动结束之后，让组内成员根据一开始的任务重点分享观点，并加以说明。

（5）与其他同学一起讨论。

（6）教师总结，针对口译过程中出现的典型问题进行分析并做出最后总结。

在竞合探究模式基础上，教师如果善用多媒体技术组织开展教学活动，既可以激发学生的学习兴趣与积极性，还可以提高学生的口译实践技能，并从其他小组的分析或分享中了解更多口译中的问题与对策。

(三) 流程图式教学模式

根据翻译的功能理论，研究翻译要采用从整体到局部的宏观分析方法，在翻译实践中，需要将宏观层面（翻译目的、功能）与微观层面（词、句、语篇）的研究相结合，这样的翻译教学模式就像一个工厂的生产流程图，如图3-3所示，因此也被称为流程图式教学模式。这种新颖的教学模式有利于激发学生对翻译的兴趣，增强教学趣味性。

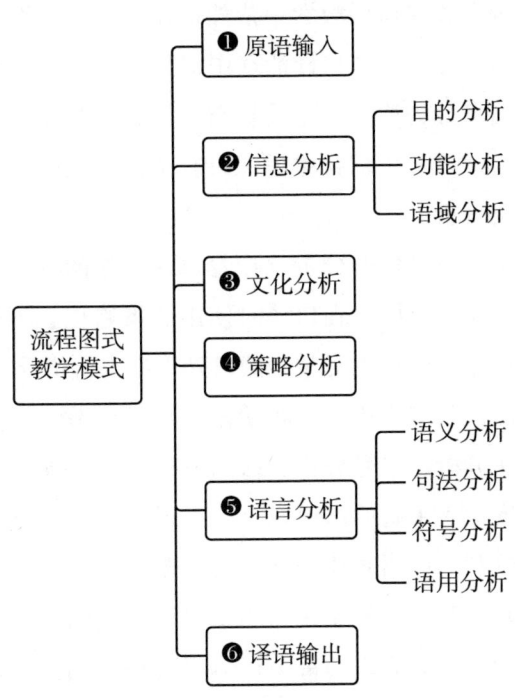

图3-3 流程图式教学模式

当学生听到原语时，要对其所包含的信息进行分析，包括目的分析、功能分析、语域分析三个方面。首先，要迅速分析发言者讲话的内容与目的，也就是放到具体的交际环境中对所听信息进行分析，这样才能使译语与原语在内容与目的上都达到一致。其次，要对原语的功能进行分析，英国翻译家纽马克（Newmark）将语言的功能分为信息功能、寒暄功能、表情功能、感染功能、美学功能与原语言功能这六种。在口译教学中，学生也要在教师指导下逐步掌握原语信息的多样功能，并归纳出其主导功能，这样有助于译语与原语具备同等交际功能，即二者保持功能性一致。最后，要关注信息的语域分析，语域是话语意指、翻译范围、话语模式等多项内容的综合体现，对语域进行分析可以确保译语从原语的语境出发，采用语言变体，达到语域层面的一致。

巴斯奈特（Bassnett）指出，翻译不是一种单纯的语言行为，翻译深深扎根于文化之中，离不开文化的滋养。因此，翻译不仅是语言交流，更是文化交流。他的观点放在口译教学中依然适用，学生的跨文化意识培养是十分重要的教学内容之一，在口译活动中对原语进行文化分析也是必要的环节。一般文化信息分为语言文化信息与非语言文化信息两种，在分析时要结合原语文化与译语文化综合考虑。只有全面的文化分析，才能帮助学生进行正确的策略分析。

在口译活动中，对策略的分析意味着口译工作的真正展开，由于原语的语境、意图、功能的不同，在口译时使用的策略也会不同。在口译教学中，教师也要基于原语的特点对学生的口译策略进行指导。

策略分析之后，就进入语言分析阶段，这一环节中，教师要指导学生从语义分析、句法分析、符号分析、语用分析四个方面对原语的语言进行分析，力求多维度深入了解原语语言，并在译语中最完整地传递原语中的信息，最终使用流利的译语对原语进行完整转述。

流程图式的教学与练习的模式适用于口译学习的初级阶段，要求学生严格按照流程进行，并对流程的每个环节都进行详细分析，这样不断提高学生的学习能力与对口译过程的认知。当学生的口译水平达到一定高度时，流程图的逐步分析可以取消，毕竟在实际的口译活动中没有太多时间慢慢分析，前期的流程研究要逐渐成为学生在口译中对原语信息的本能反应。

（四）慕课教学模式

近年来，基于互联网的教学模式受到广大师生的青睐，慕课教学模式就是其中之一，与传统教学模式相比，慕课的教学模式有以下几个特点

（见图 3-4）。

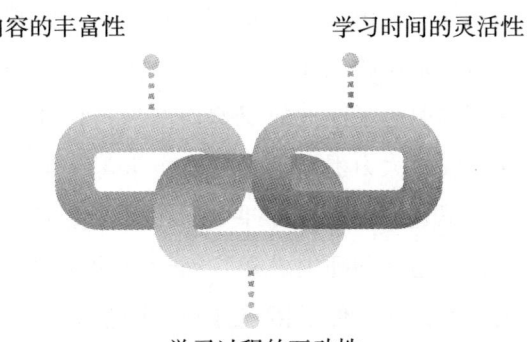

图 3-4 慕课教学模式特点

首先，在慕课课堂中，学生可以借助互联网获取大量学习资料，并且这些基于互联网的学习资料是不断更新、紧跟时事的，与传统教材相比具有明显的时效性。其次，慕课教学模式使学生可以自主灵活地安排学习时间，做出更加符合自身情况的学习计划，有助于提高学生学习的积极性与主动性。最后，基于慕课平台，教师与学生、学生与学生之间可以围绕所学内容进行互动，如学生可以在留言区提出自己的问题，以供教师或其他学生解答、讨论，在互动中加深对知识的理解。另外，学生也可以留下自己的学习心得与反馈，帮助教师更好了解学生的学习情况。

慕课教学模式使学生成为口译学习的主人，为学生口译能力的提高做出了切实的贡献。教师要充分利用英语口译的慕课平台，为学生创建更加符合真实口译场景的模拟活动，帮助学生在具体的口译应用中提升口译的技能。此外，教师也要结合学生的专业课程、语言水平等，引导学生在众多慕课内容中选择更加适合的学习方向与学习资源，以更好地发挥慕课教学模式在高校英语口译教学中的作用。

（五）翻转课堂教学模式

在传统的口译教学中，教师通过课堂传授知识，学生在课后完成实践任务以实现知识的巩固与内化。翻转课堂则完全不同，在翻转课堂模式中，教师根据教学计划布置课前预习的内容，学生则利用各种开放的教学资源将自己主动获得的知识带入课堂中，并与教师或其他学生共同探讨来完成作业，进而做到知识的内化。

翻转课堂在国内引起了巨大的反响，作为一种基于信息技术的新型教学模式，翻转课堂模式大力引导学生的自主学习，为我国的英语教学改革提供了有益经验。不过不要把翻转课堂与在线课堂混淆，翻转课堂并非使用视频代替教师，只是一种师生之间互动学习的方式，学生在教师的教学指导下进行自主学习，既能保证传统课堂中的技能掌握，又可以使学生获得个性化的发展。

1. 翻转课堂口译教学模式内容

在口译教学中，翻转课堂模式侧重于学生主体的发展，采用深度的互动与自主学习的形式，帮助学生挖掘自己的潜力，并提升自主学习能力与创新意识。学校教育的目的不仅是传授知识，更要培养学生的学习能力，这就要求在教学中要以学生作为主体。

翻转课堂的教学模式是采用计算机、互联网等技术，将课堂教学与课后作业或任务的内容、方式进行翻转，将书本知识、课堂知识转化为音频、视频等形式。在上课之前，学生可以自行学习和观看，并对自学的知识进行反馈；在课堂上，教师组织学生展开互动，学生通过与教师或其他学生的合作解决在课前自学过程中遇到的问题；在课堂结束之后，学生要根据课堂内容进行自我反思，通过自省，逐渐内化知识，并提升自己发现问题、解决问题的能力。

2. 翻转课堂口译教学模式的优势

通过翻转课堂的内容、模式，可以看出翻转课堂是对传统教学模式的颠覆，而且不再像传统课堂一样，课堂纪律、学生注意力等都会影响学习效果与教学进度。总体来说，翻转课堂教学模式的优势主要体现在图3-5中的几点。

第一，翻转课堂将学习的主动权还给了学生。传统课堂的教学活动多以教师讲授为主，学生更多情况下只是在被动接收知识。翻转课堂的口译教学模式强化了师生、学生之间的学习互动，极大发挥了学生在学习中的

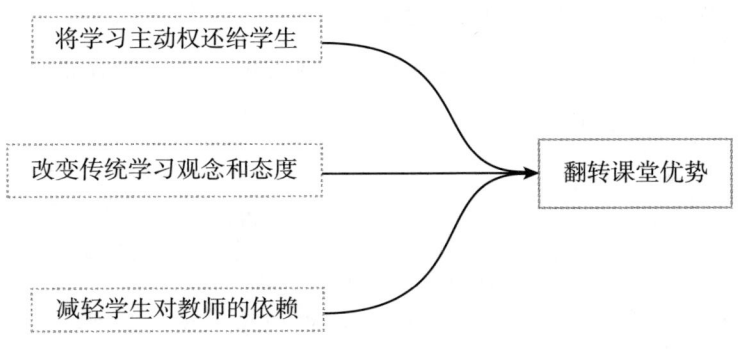

图 3-5 翻转课堂优势

主观能动性，将学习的自主权还给了学生。在互联网、计算机技术高速发展的今天，翻转课堂模式可以为教师和学生提供学习资源，有效体现了学生在教学过程中的主体地位，学生在课前自主学习之后，通过课堂上的探讨，有助于进一步深化并掌握知识和技能。

第二，翻转课堂改变了传统的学习观念和态度。首先，翻转课堂教学中的内容通常会根据学生的兴趣、需要来定位。其次，学生在学习目标的指导下，根据教师提供的学习资源，自主完成知识的建构，提高自己的知识水平。再次，翻转课堂上的师生互动探讨，有助于增强学生的责任感与主动意识，提升学生独立思考和解决问题的能力。最后，翻转课堂有利于学生特别是在职人员学习时间的合理安排，而且对于一些基础不太好的学生来说，翻转课堂的学习资源可以被反复利用，这些都是传统教学模式无法做到的。

第三，翻转课堂大大减轻了学生对教师的依赖。在翻转课堂的教学模式中，学生自主习得知识是第一步，有效淡化了学生对教师的依赖性，久而久之，学生的自主学习意识就会大大增强，并且与其他学生进行探讨交流的意识和能力也会得到提升。另外，翻转课堂模式也有助于课堂上的积极互动，教师与学生可以实现一对一交流，对于那些大多数同学存在的疑问，教师也可以进行集中解答。总之，在翻转课堂教学模式中，学生的知识来源不仅仅是教师，解惑也不再是教师一人的职责，学生彼此之间同样可以进行互助学习。

3. 翻转课堂教学模式的构成要素

翻转课堂口译教学模式的构成要素主要有图3-6中所示的三个方面。

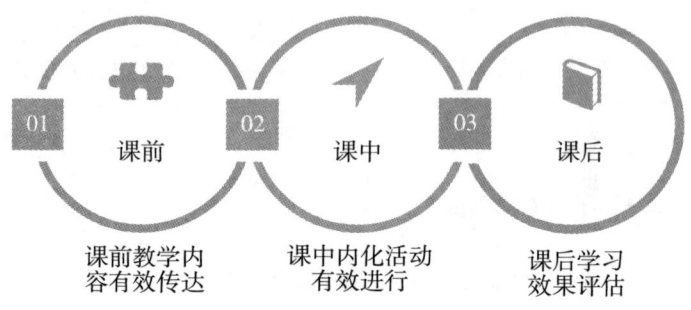

图3-6　翻转课堂教学模式构成要素

课前教学内容的有效传达是翻转课堂教学的基础。现在比较多见的内容传达材料为视频与纸质学习材料两种，其中教学视频被认为是课前教学的基本方式，对于教学视频的来源，教师可以使用已有的教学视频或者自己录制视频。使用已有的教学视频对教师来说是比较现实的最佳选择，教师的教学、研究等任务比较繁重，可能没有时间和精力去自己制作，而且，网络上有很多高质量的教学视频，可以作为学生自主学习的资料使用。如果教师选择自己录制视频，则更能够参与到学生的课前学习过程中，有利于课中讨论的组织。不管哪一种视频来源，都要尽量做到短小精悍，内容以符合学生学习水平为准，不宜过于复杂，否则会对自主学习的积极性产生不利影响。

课中内化活动的有效进行是翻转课堂教学的关键。翻转课堂并不代表课堂教学或教师不重要了，相反，教师在这个模式中起到了更加重要的指导作用，不再像传统教学模式那样单纯传授知识，而是需要根据学生的个性、水平进行更有针对性的辅导与启发。教师在翻转课堂的组织中要注意以下几个方面：第一，口译课程包括语言和文化两个方面，教师在安排学习时要按照从初级识记到高级应用的学习规律，组织学生在已有知识的基础上加深对不同文化知识的理解；第二，翻转课堂模式可以与计算机在线测试结合，学生在课前、课中的学习之后，进行在线测试，并及时获取相关学习资源与背景知识，并与测试结果结合，从而习得技能；第三，翻转课堂中,既要有个体学习,也要有合作学习。

课后学习效果的评估是翻转课堂改进的依据。目前翻转课堂的评价机制尚未完全形成,因此,翻转课堂的学习效果评估主要通过教师与学生的多沟通,并根据学生的特点、需求进行引导学习。此外,教师对表现良好的学生或学习成绩,要多给予表扬,建立学生的自信心与成就感,促进自主学习。

4. 翻转课堂教学模式实施办法

现在,翻转课堂的口译教学模式在"云教育"的推动下进入了更多的学校,已经有很多翻转课堂模式的实践行为,翻转课堂教学模式实施的基本流程可以归纳如表3-1所示。

表3-1　　　　　　　翻转课堂教学流程

阶段	具体时间	教师教学动作	学生学习动作
课前	课前一周	发布学习任务与资源	自学并完成学习任务
课中	第一节课	小组讨论	完成小组作业
	第二节课	教师点评与答疑	分组交流
	第三节课	补充讲解	提问讨论,互动交流
课后	课后一周	平台交流	完成课后任务

总之,在整个翻转课堂的教学模式中,教师起到重要的引导与启发、组织与答疑、总结与评价的作用,每个学生都要充分发挥自主学习的积极性,主动参与组内讨论与组间交流,做到相互学习、共同进步。

第四节　跨文化意识与英语口译教学

跨文化意识,简单来说就是对文化差异的意识。对口译员而言,跨文化意识是指在跨文化背景下的交际中,译者对涉及文化因素的敏感性,是译者在实践过程中自觉或不自觉形成的一种认知标准或调节方法,是译员特有的一种思维方式、判断能力。跨文化意识是每位口译员必备的意识,需要在教学过程对不同文化多做了解才能获得。

一、跨文化意识内涵

在跨文化的交际中，人们依然会倾向于自己母语的语言规则、交谈习惯、思维方式等来表达思想，但是这种表达于对方而言，可能会产生误解。如汉语中的"我尽量试试"，就暗含了"不一定能做好"甚至婉拒的意思，如果将其译为 I will try my best，在西方人听来，这就表示了一种非常肯定的答复，显然不是说话人的本意。

因此，译员的跨文化意识对交际双方理解彼此的意图十分重要。当译员具备了跨文化意识，就可以有效减少口译活动中的语用失误，将由于文化差异导致的交流障碍降到最低，消除文化差异对口译工作与交际双方带来的负面影响，促使跨文化交际的成功实现。

跨文化交际是指不同文化背景的人之间进行的交际活动，随着经济发展、政治活动的全球化，世界各国之间的跨文化交际也愈加频繁，口译工作者作为跨文化交际的桥梁，在双方或多方的信息传递过程中起着十分重要的作用。译员在这些交际活动中，直接接触不同背景的文化信息，需要迅速并准确判断交际双方的各种意图，并使用译语进行恰当表达。译员在跨文化交际中，要积极主动培养自己的跨文化意识以协助交际。

在交际发生过程中，跨文化意识可以对译员的口译起到启发指导的作用，在没有具体工作时，跨文化意识仍然可以对译者学习和思考起到引导的作用，跨文化意识的有无与程度强弱直接影响译员的口译质量，同时，也是衡量外语学习者是否适合从事口译工作的重要标准。

语言具有如图 3-7 所示的三层含义，不同文化背景下的人的讲话表达方式会有差异，译员要根据自己对语言的理解，选择合适的词句准确转述说话人的意图。译员与机器翻译的最大区别，就在于译员对两种语言所代表的文化的了解，使译员对讲话内容的理解不仅仅停留在字面意思上，而是可以领悟到讲话者语言中的语用意义，这种能力就需要译员对各种跨文化现象进行长期研究，从而形成强烈又敏感的跨文化意识。

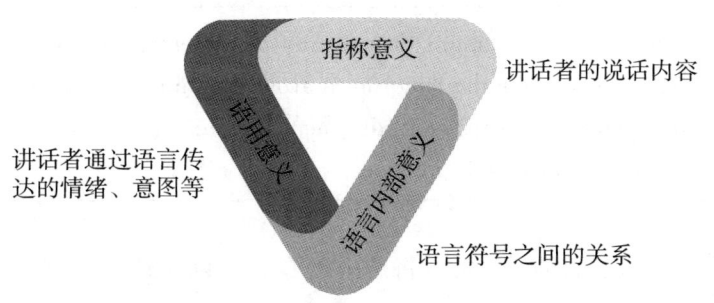

图 3-7　语言的意义

译员的跨文化意识是在跨文化交际情境中进行口译活动的前提，来自不同国家或民族的人有着不同的用语习惯，如对坦率自信的美国人，译员要尽量避免使用 about、might 等模糊性词语；对办事讲究计划性、节奏不快的北欧人，口译时要适当放慢语速；对重视上下级关系的日本人，要采用不同级别的称谓等。这些都是在跨文化交际中译员跨文化意识的体现。

二、跨文化意识与口译的关系

口译是一种跨文化交际，是以语言为媒介，通过信息源→编码→信息传递→解码→反馈等环节构成的双向信息交换的动态连续过程，在这个过程中，信息在一种文化背景下进行编码，在另一种文化背景下被解码，译员是双方信息传递的纽带。正因如此，译员更应该具有训练有素的语言驾驭能力，并且通晓双方国家的文化背景、历史传统、社会风情、政治经济等知识，深厚的文化知识积累是译员完成跨文化交际任务的根本保证。

译员在掌握必要的文化背景知识、具备跨文化意识外，还要在口译过程中充分积极调动这种意识。如在商务口译中，中方用到"鹬蚌相争"一词，意在表达双方不必进行对彼此都没有好处的竞争，以防第三方乘虚而入轻松获利，明显此时如果直译会导致对方无法理解，因此译员要充分了解到汉语成语的来源和内涵，如下举例：

> ① Please be more considerate, do not only pay attention to the very close interest, we must take the long run to avoid the third competitor's attack.
> ② We are fighting hard in the boxing match, while the next player were waiting for our touch with a coffee.

上述两个例子的翻译就可以将中方的意思准确转述给对方。再如将英语 Some prefer turnips and other pears 译为"有人更喜欢萝卜,有人更喜欢梨",虽然能够表达个人喜好不同的意思,但是不如译为"萝卜青菜,各有所爱"表达得更加地道、流畅。

译员的跨文化意识表现与灵活处理问题的能力,是衡量译员水平的重要标准之一,口译在信息传递的过程中,译语的表达受到双方文化与交际实际情况的制约。例如,"美国人对日本人说曾在1945年到过日本",如果直译的话,就无法避开敏感的战争时期,因此译员只要表达出"曾经去过日本"的意思即可。从这个例子中可以看出,译员在口译过程中,要充分考虑交际的需要,主动弥补讲话者在表达上的失误或缺陷,帮助双方充分了解信任,建立成功的跨文化交际。

研究跨文化交际的目的是帮助译员增强跨文化意识,减少由于文化背景不同导致的问题。增强译员的跨文化意识,对口译质量的提高大有帮助,跨文化意识的自觉培养可以使译员把握语用的罗盘,减少口译实践中的失误,圆满完成口译任务。

三、跨文化意识培养

在教学与训练中,也要注重对学生跨文化意识的培养,口译教学中交际文化与知识文化同样重要,赵贤洲曾将交际文化概括为以下12个方面。

(1) 因文化背景不同而产生的无法对译的词语。

(2) 因社会文化背景不同而产生的某些层面意义有差别的词语。

(3) 因社会文化背景不同而产生的词语使用场合的特意性。

(4) 因社会文化背景不同而产生的词语褒贬不同。

（5）因社会文化背景不同而产生的潜在差异观念。

（6）语言信息因文化背景不同而产生的差异。

（7）含有民族特殊文化传统信息的词语。

（8）成语典故、名言名句等。

（9）词语中反映的习俗文化信息。

（10）有特定文化背景意义的词语。

（11）不同文化背景造成的语言结构差异。

（12）其他因价值观念、心理因素、社会习俗等造成的文化差异。

在口译教学中，教师可以根据这种分类方式分别找一些例子进行训练，使学生明白在跨文化交际中，具备跨文化意识是十分重要的。培养学生的跨文化意识可以从以下几个方面入手。

第一，要培养扎实的语言基本功，既要提高学习原语和译语的语言功底，又要重视口头表达能力的培养与口译技能的学习，扎实的语言基本是口译员培养跨文化意识的基础。同时，教师要从理论的高度帮助学生对语言文化进行研究，加强对文化语言学、跨文化交际学、语义学、语用学等的研究。在课程设置方面，除了必要的口译技能课程，最好开设跨文化交际学相关课程，帮助学生了解不同国家之间的语言差异，引起对文化差异的重视。对学生而言，学习课程之余，也要加强与不同民族、不同文化的人员之间的交往，创造跨文化交际的条件。

第二，课堂上要有意识加入中西方文化的学习，很多教师和学生会意识到要加强对西方文化的学习，但是经常默认学生已经非常了解中国文化而忽略相关学习。中华文化博大精深，值得师生共同进行深入钻研，并将中西方文化加以对比，从而加深对二者的了解，形成更清晰的认知。王佐良教授曾经提倡使用英语传授中国文化，这样既可以了解外国人是怎样研究中国文化的，也可以学会如何对外来访客介绍我们的文化。虽然这个提议在课堂中有很多限制因素，不太可能实现，但是也说明了在口译教学中要对中国文化加以重视。另外，译员要学会尊重不同文化，克服民族中心意识，从异文化持有者的角度感知异文化，这有助于译员了解交际双方的目的与需求，规避交际中的文化误导或文化过载。

第三，跨文化交际的显著特点就是双方使用不同的思维方式进行交流，译员在口译过程中要有意识将原语信息进行编码调整之后再使用译语表达，这样才能使表达更加自然流畅、易于接受。因此，教学中也要注重对学生思辨能力的培养，汉语常常使用形象思维，强调直观感受，描述事物时通常是从整体到局部，而欧美人强调个体与逻辑，习惯分析思维与抽象思维，描述事物也是分成若干部分进行，比如在陈述观点或讨论问题时，中国人多是先解释原因，再进入主题，欧美人则是先直接提出问题，再进行分析。因此，在口译学习中，要培养学生的逻辑思辨能力，形成认知标准与调节方法，通过对言语的思考分析，增强对交际中跨文化因素的敏感性，提升口译中解决跨文化问题的能力，从而逐渐习得口译的综合技能。

第四，在口译学习与口译职业发展过程中，无论是学生还是职业口译工作者，都要坚持与时俱进，及时了解国内外政治、经济、科技、文化等热点问题，把自己培养成一个"杂家"，关注西方主流媒体的要闻报道，养成关注时事的好习惯，这样既可以避免自己在口译活动中的一些失误，长期坚持还可以使学习者在语言方面与文化方面都取得较大进步。对学生来说，更要多寻求口译实践的机会，只有反复实践，才能真正获得口译能力。

尤金·A. 奈达曾说，要学习掌握一门外语，需要在较好的语言环境中付出5年的努力，而要想全面深入了解一种文化，则需要20年甚至更长的时间。对译员来说，只学会两种语言是远远不够的，因为在口译实践中，译员不仅要完成话语的转述，还承担着文化交际、文化传播的重要任务。跨文化意识的培养与提高就需要译员不断学习不同文化、不断进行口译实践，使自己成为一名合格的、优秀的口译员。

第五节　英语口译教学对学生发展的影响

英语口译教学最直接的作用就是帮助学生提升英语口译技能，同时口译教学过程中，也会促进对学生的英语语言学习、百科知识学习，并且潜移默化中影响着学生情感态度的形成、文化意识的培养与自主学习能力的提高。

一、英语口译教学对英语学习的作用

（一）发挥母语正迁移作用

很多人认为母语对于外语学习只有负迁移作用，但是在外语学习的不同阶段，母语都发挥着一定的正迁移作用。在英语学习中，学生和教师都要正确认识和处理学习的迁移，充分发挥母语的正迁移作用。

首先，母语是英语学习的起点，桂诗春曾指出，二外习得与英语学习并不是零起步，而是以母语为起点。母语学习所积累的知识和智力，可以帮助学生对英语的理解，这也是为什么在初学英语时，每个学生对英语的理解程度不一的原因，这种差异就源于母语。

其次，母语的正迁移作用也表现在认知层面上，表现在学生对外语的理解过程中。要学习一门语言，理解是非常重要的一环，不被理解的语言就是乱码，只有将这些符号进行解码，大脑才能做进一步加工，理解是语言生成与输出的前提。对英语的理解基础是要靠母语的知识、智力、能力与经验，如果母语表达能力好、逻辑思维强、语言反应灵敏的学生往往会获得较好的英语能力。

最后，母语的正迁移也体现在英语教学中，在中国的小学、中学甚至很多大学，乃至大学的英语专业的课堂上，能够做到全英文授课的少之又少，常常需要汉语的辅助解释，以汉语为母语进行英语教学，母语的正迁移作用主要表现在以下几个方面：

第一，语言现象的比较与语法规则要依靠母语表达。语法规则是比较抽象的内容，在教学中如果使用英语解释，很难使学生理解，使用母语表达就可以达到教学目的。汉英语言现象的对比，也需要借助母语进行，这样表达更加符合汉语思维，便于学生理解。

第二，对抽象词语的解释需要使用母语，在讲授语音、语调、句型等内容时，使用母语可以避免产生很多误解，使用母语解释一些专有名词或者抽象概念，既准确又容易被学生理解。

第三，语篇教学中需要使用母语翻译作为教学手段。如果离开母语的翻译和知识讲解，学生对语篇内容只能了解整体，不能看到细节，如表达习惯、文化背景等，从这点来说，母语翻译可以起到正迁移的作用。

此外，母语对外语学习的干扰，多发生在学习的初级阶段，随着学习的深入，语际干扰就会越来越少。口译教学可以帮助学生理解原语和译语的难点，并通过对这些语言难点的分析，找到语言的规律，实现母语对英语的正迁移，对英语语言学习也有重要的促进作用。陆效曾指出"中国人学英语，学会了汉语拼音，对英语语音学习会有一定帮助；懂得了汉语语法，会有助于理解英语语法"[1]。

（二）提高课堂教学效果

英语口译应用于英语课堂教学，可以使课堂更加丰富，促进学生的英语学习，提高学习质量。口译教学对英语课堂教学的促进作用表现在以下几个方面：

首先，适当口译可以促进学生对教学内容的理解。在英语学习初期，对一些英语词句进行汉语翻译可以帮助学生理解其含义，这种情况下使用英语解释就不会取得理想的效果。如 respectable，respective，respectful 这三个单词十分相近，意思也有所联系，如果使用英语解释则很难说清楚，但是可以使用汉语分别解释为"体面的、受人尊重的"、"各自的"、"有礼貌的、尊重他人的"，意思就一目了然，这样既可以帮助学生理解，又可以提升课堂效率。

其次，通过对英语的口译可以加深学生对文化内涵的理解，培养学生的跨文化意识。在课堂上运用口译手段可以加深学生对语言、文化的比较

---

[1] 康春杰，陈萌，吕春敏主编. 基于错误分析理论的英语翻译教学研究[M]. 长春：吉林文史出版社，2017：374.

与体会，如果仅凭英语材料去分析英语语言，这种跨文化的感受就不够明显。口译或简单笔译应用于英语教学，有助于学生对英语的文化内涵的理解，为学生积累一定的文化知识，有助于今后的口译实践。

最后，英语口译可以促进课堂教学中的交际活动，从而提升学生的语言表达能力。在一开始学生可能多使用汉语思维与直译的方法，比如将"好久不见"译为 long time no see，这个短语显然是不符合英语的语法与语言习惯的，教师在指出学生错误的同时，也要对其敢于表达的精神予以鼓励。并且，语言是人们沟通的工具，只要达到交际目的即可，语言并不是一成不变的，也会不断发展、变化，如现在很多英语母语者也会使用 long time no see 这一表达方式。

二、英语口译教学增强学生的综合语言能力

口译教学不仅是语言技能教授的过程，更是全面提升学生语言能力与综合素质的过程，使学生既可以习得专业的技能，又有自主学习能力与良好的个性品格。

（一）提高语言知识和技能

语言学习是先从听、视等输入方式开始，之后再辅以说、写、译的输出方式，在语言学习中，人们多是通过"听说读写"的形式培养"听说读写"的能力，但是往往忽略"译"对语言学习的作用。不过，翻译是贯穿整个语言学习的，如小朋友都知道 apple 是"苹果"的意思，这就是一种简单的翻译。虽然英语学习中没有专门培养学生的口译能力，但是简单的口译一直伴随着英语学习的整个过程。

到了英语学习的较高级阶段，口译不仅可以作为专业技能开设相关课程进行教学，还可以用于英语教学中，帮助学生在听说读写的基础上，通过相同内容在不同语言中表达的对比、借鉴，激发学生思索语言之间的差异与共性，发现语言的规律，全面提升语言知识与语言技能。

（二）促进英语思维能力

语言是思维的工具，也是促进思维发展的工具，思维反过来影响语言的表达，二者相互影响，因此，在英语教学与口译教学中，都强调学生使用英语思维。但在实际教学中，教师都过分重视语言能力而忽略思维能力，当学生有了一定的语言知识积累后，通过口译培养学生的英语思维与表达能力是非常可行且必要的手段。

通常情况下，当使用英语无法继续表达时，母语思维会自动"救场"，学习者是否可以直接使用英语思维，取决于他的英语知识积累，如果英语熟悉度低，词汇量少，母语介入的可能性就会增加，但是母语的出现并不会阻碍学生英语思维能力的培养，相反随着练习次数的增多，母语的影响会越来越小，只有多进行口译活动，才能逐渐弱化母语思维对英语思维的影响。也就是说，利用母语思维是为了达到最终直接利用英语思维的目的。

（三）培养情感态度与文化意识

口译教学有利于培养学生的文化意识与情感态度，任何一种语言都会由于其所处自然环境与人文环境的差异而有所不同，在结构形式、内容内涵上都不尽相同，但是语言与文化之美每个人都可以感受到。语言美主要体现在语言的构成上，由字、词、调等体现，文化美则体现在语言所反映的各国多姿多彩的文化理念、风俗习惯上。通过口译活动，使学生借助文字感受不同文化的风采，在潜移默化中，培养学生的审美意趣、开拓学生的国际视野、陶冶高雅的文化情操，这将使学习者受益终身。

文化意识是综合语用能力的一部分，包括文化知识、文化理解、跨文化意识、跨文化交际意识等。我们不止一次说，语言是文化的载体，也是文化的一部分，因此每种语言都承载了一个国家、民族的文化。有些词句在不同文化中有不同的意思或作用，如中国的"枯藤老树昏鸦"[①]，从中

---

① 莫柳桂. 元曲鉴赏辞典［M］. 北京：中国书籍出版社，2013：62.

就能够联想到苍凉孤寂的情感，但是西方人则不会，这就是文化导致的差异。

口译教学的目的就是培养可以帮助不同文化背景的人进行交际的人才，因此，口译教学不仅可以帮助学生学习语言，还可以引导学生学习语言文化，包括处事态度、交际模式、风俗习惯等。口译教学有利于提高学生对文化的敏感度，增强跨文化的交际意识。使学生不仅得到专业技能的提升，还能通过口译教学提升自己的综合素养。

总而言之，英语口译教学不仅着眼于对学生口译技能的培养，还会影响学生的文化观念与学习观念；不仅对学生专业技能的提升有所帮助，还促进了学生综合素质的提升；不仅使学生了解不同语言的差异，还使学生认识到文化的差异。这些对学生的自主学习、开阔眼界等都十分重要，从口译教学中获得的知识、能力、认知等，是每个口译学习者受用一生的宝贵财富。

通过对口译教学内容、教学模式等的研究，我们对口译教学有了更加细致的了解，不过这些了解目前都停留在理论层面，在教学实践中，应该如何践行口译教学理念？采用什么样的教学方法？会遇到什么样的具体问题？这些都需要通过对口译教学实践的研究，才能得出答案。

第四章

英语口译教学实践研究

第一节 交替传译与同声传译教学

交替传译与同声传译是口译实践中最常见的两种形式，在英语口译教学中，也是以这两种形式所需口译技能的教授为主。交替传译与同声传译在口译技能上有很多相似之处，如都需要译员的跨文化意识、都需要采取一定的翻译策略（如意译、直译、增减译等）、都需要译员快速进行思维与语言转换等。但二者由于操作情境的不同，也存在一些具体的差异，如交替传译更需要口译笔记的辅助等。基于交替传译与同声传译的特点，其教学侧重点也会有同有异。

一、交替传译教学

（一）交替传译基本原则

在交替传译过程中，要遵循如图 4-1 所示的几项基本原则，这也是交替传译教学过程中要培养的交传意识。

第一，译员"隐形"原则。译员是发言者的代言人，要准确传达发言者的内容与看法、感情等，不能在翻译中加入自己的想法，如果二者观点

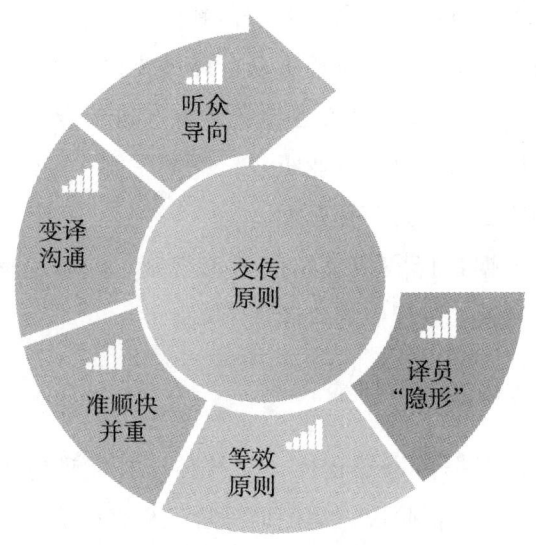

图 4-1 交替传译原则

不同，也要以发言内容为准。如果发言者所讲信息有明显错误，译员可以在翻译时予以纠正，但事后应该向发言者做出解释。

第二，等效原则。即译员在准确翻译讲话内容的基础上，要贴近发言者的讲话风格和语调。例如，发言者严肃，译员也要严肃，并且注意措辞；如果发言者幽默，译员也要体现出幽默，这样与发言者保持一致的风格，可以达到同样的表达效果。

第三，准、顺、快三者并重原则。口译的目的是消除沟通障碍，那么口译出来的内容就绝不能成为障碍本身，译员一定要做到表达清楚、吐字清晰，同时内容转述完整、准确。此外，口译的时间也要合理安排，与发言者所用时间相比，不能过长或过短。

第四，变译沟通原则。释意理论主张口译的最终目的是信息通畅，语言并不是最重要的，不过前提一定是有意义的信息传达。口译工作中，为使听众更好理解发言内容，译员可以对必要的内容进行调整，如简化语言形式、解释补充、归纳概述等，不过原语信息不得随意更改。

第五，听众导向原则。翻译一定要充分考虑译语听众的感受，要遵从听众的语言习惯、接受方式、价值取向等，译员可以根据听众交互式的反馈对翻译进行调整，以帮助听众更多领悟到原语内容的意义与情感，实现听众对译语的最佳接受。对于普通听众，译员要根据听众的文化与发言者的文化之间的差异，对原语中的隐喻、意象等进行合适的翻译或补充说明，做到译语通俗易懂；对于专业听众，译员需要在翻译工作之前做好相关知识准备，避免出现"外行话"。

以上原则是根据口译实践总结的通用规则，经验的学习要想落到实处，还要结合具体教学过程中的口译训练。

（二）交替传译教学与训练

刘和平指出，根据传译的程序，交替传译技能训练可以分为四个阶段：听力理解阶段、记忆阶段、笔记训练阶段和表达阶段。

1. 听力理解教学

在口译教学实践经验中，我们会发现，很多学生在英译汉时遇到的最大问题是听力理解，如不了解听力中涉及的背景知识、跟不上快速英语讲话、不能识别不同口音英语等。因此，要想保证口译质量，首先要解决听力理解的难点，在教学中，教师可以引导学生从以下几个方面入手：

第一，内容复述，教师可以讲述或者播放一段发言，让学生用同样的语言将听到的内容转换为自己的话讲述出来，开始可以使用同一种语言进行复述，熟练后可以使用两种不同语言进行交叉复述。

第二，概括练习，语篇分析有助于译员对发言内容的理解，因此概括练习可以帮助学生把握段落大意与信息要点，摆脱原语语言的影响。在教学中，可以选用录音材料或现场模拟，要求学生听完不同主题的语段后，使用原语或译语表述段落大意，之后教师可以借助教材或提前准备的材料进行讲解，帮助学生审视自己的表现。

第三，精听与泛听结合练习，在练习用语段的选择上，要避免只选择标准口音，多听一些带有口音的发言，有意识让学生习惯不同口音的英语，从中发现语言的规律。在听力训练时，可以将精听与泛听结合，精听就是让学员在注意力高度集中状态下，尽可能听懂每一个词、每一句话，可以从单句训练逐步过渡到语段训练；泛听则没有特定目的，强调潜移默化的作用，同时，泛听可以帮助学生增加词汇量与知识储备。

第四，语言文化知识积累，口译的内容囊括了各种五花八门的题材，教师在口译教学中也要致力于开拓学生的知识界限，这样可以有效提高听力理解的准确度，通常在口译课前进行相关文化、专业知识的准备与背景介绍，课后进行总结反思，并且教师可布置作业要求学员阅读或整理概述相关语言知识。

听力的训练并不是孤立地去"听"，而是与各个环节的理解紧密相关，教学中，教师要鼓励学生多补充各方面的知识，培养广泛的阅读兴趣，丰富自己的知识储备。在听力训练中，既要听词句、事件，也要听观点、信息，这样才能提高听力理解与口译的水平。

2. 记忆力训练教学

在交替传译中，译员一方面要在短时间内记住发言者所说的内容，另一方面要在平时积累并记住大量词汇，也就是说，口译译员的长时记忆与短时记忆能力都要十分出色。在英语口译教学中，也要渗透对学生记忆能力的训练。

教师可以要求学生在阅读与听力练习中有意识地列提纲或标题，并据此补充细节内容；还可以要求学生对同一文本中的不同事件对比进行分析、描述；训练学生根据文本中出现的时间、空间的标志性词句，将整个文本内容串联并表述出来……通过类似的教学手段，帮助学生培养良好的记忆习惯与记忆技巧。

人的记忆力可以通过训练得到一定改善，想要成为一名合格的口译译员，一定要注重加强记忆练习，除了加强记忆之外，学生也要有较强的理解能力与逻辑思维能力，在理解内容的前提下进行记忆，可以帮助降低记忆甚至翻译的难度。记忆训练与听力训练一样，可以先从比较易懂、文本内容较少的语段开始进行教学与训练，之后逐渐增加难度与长度。

3. 释义技巧教学

释义是用解释性的译语将原语的意思重新进行表达，口译就是一个释义的过程、信息转换的过程，不需要逐字逐词进行翻译，由于交际双方在语言文化、知识水平等方面的差异，如果口译译员过分追求寻找某个词的对应词，就容易导致译语的不流畅、不地道。因此，释义技巧是口译员必须掌握的一项重要技巧，释义技巧的教学可以帮助学生在理解原语内容的基础上学会抓要点、抓意思，这样译语的表达可以使观众更容易明白。

在英语口译教学中，释义技巧的训练要遵循三个原则：首先，对原语内容释义必须完整，不能只解释大意而遗漏细节；其次，对原语内容进行释义不能改变原语信息；最后，不能为了释义改变发言者的观点、立场。

释义的教学与练习主要有以下几种：

第一，词性变换，结合发言内容，对词性进行判断与变换练习，如"喝水"是表示一个动作过程，但是在"喝水的好处"这一表达中，"喝水"一词就有了名词性质。

第二，语句结构变换，汉语和英语的句法结构有很大的区别，如果翻译时不调整结构，会导致译语十分不通顺。例如，I have not seen him for over ten years，这句话如果直接翻译就是"我已经不见他超过十年"，明显不符合汉语习惯，调整之后译为"我已经十多年没见过他了"就流畅很多。

第三，拆句练习，英语组成的句子可以很长，但是汉语的句子往往短小，如果将英语长句译为汉语长句，会显得啰唆且重点不突出。

4. 引语教学

在讲话或演讲中，发言者为使自己的讲话更加生动，通常会引经据典以表明自己的立场和观点或者表达情感，这些引语的翻译就需要口译员在译前做好准备，平时也要博览群书，教学中也要引导学生多进行引语的翻译积累，以备实践之需，特别是中国古诗词翻译为英语或英语格言翻译为汉语，靠临场发挥是很难翻译得体的。例如，"生于忧患，死于安乐"[①]，可以翻译为 One prospers in worries and hardships but perishes

---

① 仲新朋. 中华典故［M］. 长春：吉林文史出版社，2019：355.

in ease and comfort，类似的引语翻译在许多网站、书籍后都会有，平时要多查找并背诵。

此外，欢迎致辞、庆典致辞、节日致辞、颁奖致辞等都有一套约定俗成的用语，在学习中也要多熟悉。另外，学生在训练时，也要在教师指导下进行演说能力的训练，使自己的发声、语速、举止等方面都满足口译员的要求。

5. 公众演说能力训练

口译员使用译语表达原语信息，就相当于在发表公众演说，演说要符合现场气氛，尽量使用简单易懂的语言，并且要多使用短句，这样更加便于听众理解，演说时要做到既精确又生动。良好的公众演说能力是合格的口译员必备技能之一，因此，在口译教学中，教师也要着重培养学生的公众演说能力。

学生在演说训练之初，难免在语音语调、神情举止等方面存在问题，教师可以在这两个方面帮助学生提高公众演说能力。

首先，在发声和语言方面，要引导学生注意以下几点：第一，在整个过程中尽量保持相对固定且自然的音高，既要使听众可以听清讲话内容，也不使自己产生疲劳之感，特别在语句结尾处不要突然"泄气"，自始至终都要保持稳定、清晰的声音。第二，译员无须一口气将内容表达完，要学会适当停顿，如在重要句子之前或之后稍微停顿一下，可以引起听众的注意。第三，口译要重视语言表达的口语化，但是不可过于随意，字句之间的连读、弱读、吞音等要适当减少，避免一些不必要的口头禅，如"嗯""就是说"、ok、well 等。第四，对于一些较长的句子，要能够进行恰当切分，模仿发言者的重读、转调、语速变化等，使译语听众产生与原语听众相同的感受。

其次，在行为举止方面，教师要强调以下几点：第一，演说或口译时要保持良好的坐姿或站姿，注意力要高度集中。第二，穿着要大方得体，避免奇装异服、喧宾夺主，在进行口译或演说时，要增加与听众的眼神交流，表情尽量轻松自然，切忌夸张。第三，译员的手势等身体语言不要太多，并且要熟悉不同文化背景下的身体语言，可以适当选择一些双方都能接受的身体语言。

台上一分钟，台下十年功，对口译工作来说也是如此，只有平时的大量积累与训练，不断提升自己的翻译技能与表达技能，在译前做好最大程度的准备，才能在正式口译工作中圆满完成任务。

二、同声传译教学

（一）同声传译基本原则

同声传译要求译员边听边进行口译，在同传的过程中，也要遵循一定的基本原则，以更加有效地完成口译工作，通过对同声传译的理论与实践研究，我们可以总结如图4-2所示的五条指导原则。

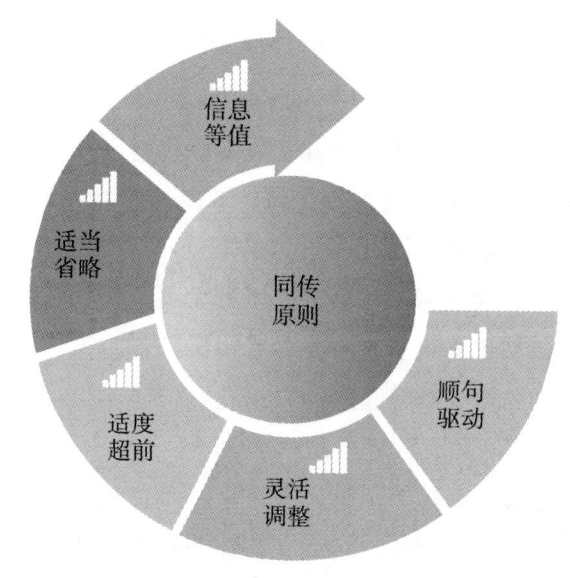

图4-2 同传原则

第一个原则为顺句驱动原则，同声传译的特点决定了译语的顺序通常是与原语一致的，在同传过程中，口译员可以按照原句的语序将其分为若干个信息单位，再将这些信息单位用连接词相连，得到最终的译语。如"所有人//都可以利用互联网资源//进行学习//不论他们是什么种族、什么民族、什么性别//只要他们可以接入互联网。"根据顺句驱动原则，可以将其译为 All can study//by relying on internet resources//regardless of their race, nationality and sex //providing that they could have access to the internet。

第二个原则为灵活调整原则，由于英语与汉语的语序差别较大，如果要完全明白原语语序与含义之后再进行翻译，在速度上就会落后，不过当译出的句子不够通顺时，也需要进行适当的灵活调整或校正，即口译员根据接收到的新内容对信息进行补充或纠正。如英语中时间、地点等一般出现在句末，直接翻译会显得很生硬，就可以进行调整，举例如下：

> 英语原句：They went to Hilton// for a conference// 9 o'clock// in the morning on Feb. 19.
> 顺句操作：他们去了希尔顿酒店//参加一个会议//在九点钟//2月19日上午。
> 灵活调整：他们去了希尔顿酒店参加一个会议//时间是2月19日上午九点钟。

第三个原则为适度超前原则，即在原语信息尚不完整的情况下，口译员依靠自己的语言能力、临场经验对接下来的内容进行适当预测，从而"超前"翻译，这样可以在时间、速度上与发言者保持一致，也可以使译语更加流畅通顺。比如在许多会议开场发言最后都会说到"预祝本次会议取得圆满成功"，在听到"预祝"之后，口译员就可以直接译出 I sincerely wish this conference a complete success 这个完整的句子。

第四个原则为适当省略原则，这点主要是针对原语中的专业性较强的内容或无法使用译语处理的内容，以及英语中虚词、介词、代词较多的情况。如果直接翻译，听众会很难理解其意思，这种情况下，译员可以在不影响原语信息传递的基础上，采用简化、解释、归纳的方法进行翻译。比如 The products should be sampled to check their quality before they leave the factory，这句话就可以译为"产品在出厂前应该进行抽样检查"，其中的 their, they 等在汉语中不需要译出。

第五个原则为信息等值原则，不论口译还是笔译，翻译的准确性是第一位的要求，不过在同声传译过程中很难做到百分之百的准确，因为口译员需要在非常短的时间内对接收到的信息进行整理与翻译，并且使译语听众可以明白发言者所讲的内容，没有时间对每个字词进行反复斟酌以达到十全十美的效果。所以，在口译过程中，口译员要根据接收内容掌握发言者表达的主要信息，用便于听众理解的语言进行表达，做到整体的"信息等值"。

总之，在同声传译中，口译员通常是"顺句驱动"，必要时进行"灵活调整"，可以"适度超前"或"适当省略"，最终使译语达到与原语"信息等值"的整体效果。

（二）同声传译技巧

口译最注重信息的准确传达，信息传达的媒介有语言和非语言两类，同声传译作为一种难度极高的口译活动，其技巧也可以分为语言层面与非语言层面。

1. 语言层面的技巧训练

（1）谓语动词的处理。

英语中的谓语动词通常不会给同声传译带来困难，不过一些特定类型的谓语如果处理得当，有助于提升同传的效率，如在口译时进行词性的转换。例如下面这个例子：

> 英：We should help in ways which are mutually beneficial to both developing and developed countries.
> 译：我们援助的方法应同时有利于发展中国家与发达国家。

这里的 beneficial 是形容词，翻译成汉语"有利于"就是动词的词性，这样翻译使句子更通顺，而且与原句的顺序基本一致，符合同传的特点。

（2）定语的处理。

除了单词与较短的短语外，英语的定语一般在所修饰的内容之后，而汉语一般在所修饰的内容之前，因此，在处理定语时需要适当调整语序。

不过在同声传译过程中，无法预见定语或者定语过长，这时译员可以将定语放在所修饰内容之后译出，将其译为独立句、插入语、目的状语、条件状语等。例如下面几组例子：

> 英：Our foreign secretary on one occasion spelt out our objectives in terms of three quite simple principles which I think are still true. （译为独立句）
>
> 译：外务大臣曾经清楚讲述了我们的目标，它包括三项简单原则，我想现在还适用。
>
> 英：Work on the development of a common code and operating procedure for all personnel servicing under the UN flag should be brought to an early conclusion. （加动词译为目的状语）
>
> 译：制定一套行为准则与行动程序，以指导所有联合国人员，这一工作应该尽早结束。

（3）状语的处理。

英语中状语的位置比较灵活，汉语中的前置状语较多，在笔译中通常将英语中的状语都译为前置，但是由于同声传译的特点，"因为""尽管"等引出后置状语从句的现象十分常见，举例如下：

> 英：Everyone was optimistic, because every thing had changed.
>
> 译：人人都感到乐观，因为一切都发生了变化。

英语的长句就是由主谓宾的主句与若干定语、状语连接起来的，因此，只要定语与状语可以妥善处理，英语长句的同声传译问题就迎刃而解了。

（4）倒装句的处理。

英语和汉语在语序上有较大差别，给口译特别是同声传译造成了较大的困难。英语中的倒装句可以分为完全倒装和部分倒装，在同声传译时，一般还是依据顺句原则进行翻译，不过有时需要适当增删或重复某些词语，如下面这组例子：

> 英：Only after studies provided evidence of the harmful effects of such programs has it been possible to modify TV programming policies.
>
> 译：只有在这之后，也就是大量调研提出证据证明这类节目会产生不良影响之后，才有可能改变电视节目审查政策。

（5）语态的转变。

英语中经常出现被动语态，其目的是突出强调或者平衡句子结构，这种表达方式与汉语有较大不同，因此在同声传译时，会将被动语态转换为汉语的主动语态进行表达，但是其被动的含义会被保留，举例如下：

> 英：China's diplomatic practice is seriously guided by the five principles of mutual peaceful coexistence.
>
> 译：中国的外交活动是严格遵循原则的，即和平共处五项原则。

2. 非语言层面的技巧训练

除了语言层面的技巧之外，译员在口译训练与口译实践中，要逐渐积累一些非语言层面的口译经验，如讲话节奏、纠错处理、随机应变等能力。

（1）掌握节奏快慢。

同声传译时，译员口译时的语速快慢、节奏停顿等，都会影响听者对信息的接收，因此，口译要选择合适的切入点与口译节奏。一般来说，英语的音节比汉语稍多，如果读一段英语需要花费 40 秒的时间，那么用同样的语速读这段英语的汉语译文，只需要花费 35 秒甚至更短的时间，所以，汉译英的同声传译活动中，译员的语速要快一些，在英译汉时，可以适当放慢语速。

至于口译的切入时间，可以根据自己对语言的驾驭能力与短时记忆力来具体处理，如果这些能力较好，译员可以在说话人说完一句话或 3/4 句时开始进行口译，如果能力相对欠缺，就要在说话人说完半句话左右时就及时开始口译。不过需要注意的是，同声传译只要将内容译出即可，并不要求口译员将说话人的每个单词都一一译出。

（2）信息重组。

信息重组是同声传译的总策略，在同声传译中，口译员要根据原语中的信息，根据译语习惯对信息进行重组。许钧指出，"翻译的对象应该是信息内容，是意义，而不是语言"，因此，很多时候要跳出语言的层面，对原语信息进行重组，并使用译语的思维逻辑对这些信息进行重新表述。例如下面这组例子：

> 原语：Strange behaviour on the part of whales in the southern Atlantic has been observed over a number of years now. A team of marine scientists has come up with a new theory to explain this behaviour. But considerable controversy has arisen in Argentina about the theory.
>
> 重组：Over a number of years, //whales in the southern Atlantic//have been observed//behaving strangely//. To explain this behaviour, //a team of marine scientists has come up with a new theory//. But there has arisen considerable controversy about the theory//in Argentina. //
>
> 译：经过多年的观察，人们发现南大西洋的鲸行为奇怪，为了解释这些奇怪的行为，一些海洋科学家提出了一种新的理论，但是这种理论在阿根廷引起了争议。

（3）紧跟数字。

同声传译与交替传译相比，译员的反应时间大大减少，因此在交替传译中所遇到的笔记问题在同传过程中就相对淡化了。同传中遇到数字，译员一定要紧跟说话人所讲的数字，短时记忆是无法保存太多数字的，通常对数字的同声传译就是边听边译，这对译员的多任务处理能力、注意力分配能力有非常高的要求。

（4）随机应变。

同声传译的特点决定了译员不可能对说话人所讲内容进行完全翻译，因此在同传过程中，译员就会面对一些信息取舍判断的问题。如果听到的信息有些模糊，译员也不必花费太多精力去回想，只要将听到并理解的信息立刻翻译出来即可。当句子中有很多修饰性词语时，可以不予翻译，只翻译中心词句，保证句子的主要意思完整明确。如果发言者所讲内容中涉及专业术语，是否要对其进行翻译、选择哪种翻译方法，要视听众水平来定，如果是专业听众，译员只要直接重复专有名词即可，如果是面对普通听众，译员就需要根据上下文的意思对其进行解释。此外，译员随机应变能力的培养，也需要在长期的口译实践中积累经验。

（三）同声传译教学与训练

1. 影子跟读

影子跟读指学生在听讲话内容的同时，以落后三秒左右的时间，使用相同语言跟读原语内容，这种训练可以帮助学生提升注意力分配能力，强化记忆痕迹，增强语言感知能力，是同声传译的基础训练方法之一。在教学中，教师可以由易到难给学生分配任务，如一开始可以与原语同步开始，经过一段时间的练习后，可以在原语开始半句或一句后进行跟读，在这个过程中，耳朵要听、嘴巴要说、大脑要想，是培养学生具备完成多任务能力的重要练习。

跟读的基本教学方法有以下几种：

第一，听说差训练，教师要根据学生的记忆能力、理解能力、注意力分配能力规定听与说的时间差，通过实践探讨，帮助学生把握最佳听说差距。

第二，原语跟读与概述训练，即学生完成跟读后，立刻使用原语语言概述跟读内容，要求学生在跟读的同时，对内容进行记忆分析。

第三，原语跟读与译语概述，即跟读后使用译语进行概述，涉及双语的转换训练，原语概述与译语概述都需要教师对学生的概述内容进行点评并帮助学生纠正。

2. 注意力分配

注意力分配指根据活动需要，在同一时间内将注意力指向两种或两种以上活动的能力，即"一心多用"。丹尼·吉尔提出，同声传译过程中译员的精力要同时分配到听辨与分析、短时记忆、言语输出、综合协调这几个方面，如果其中任何一个部分出错，就会导致翻译的错漏，因此合理的注意力分配训练可以有效提高传译的质量。

注意力分配教学与训练有以下几种常用方法：第一，在影子跟读的同时，学生在纸上按顺序写下 1~100 或 100~1 的阿拉伯数字，完成跟读后，教师通过检查数字的书写情况（是否遗漏、重复、顺序颠倒等），以了解学生听、理解、输出的注意力分配情况，并帮助学生对症下药，及时强化提升。第二，在上一种方法的基础上，加上概述练习。第三，双耳分听训练，即同时听辨原语信息、监测译语输出，保证译语内容忠实于原语、表达完整、逻辑清晰、简洁准确。注意力的分配训练往往需要教师或同伴的辅助或共同完成，是一项必须长期坚持的训练。

3. 视译教学

视译即口译员持有发言者的发言稿，可以看着稿件进行翻译，在同声传译中，口译员要做到耳听、眼看、口传，尽管有稿在手，不过由于时间限制，口译员也无法做到像笔译一样对译语进行反复修改推敲，依然要快速翻译讲话内容。因此，在教学中也要教会学生如何正确使用发言稿，既要充分发挥其作用，也不能受到发言稿的约束，以达到最佳传译效果。视译训练主要有如图 4-3 所示的几种方法。

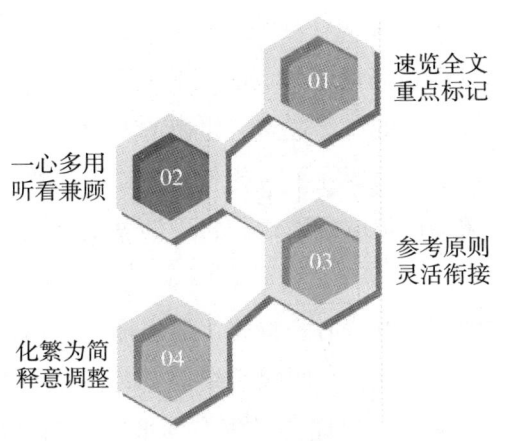

图 4-3 视译训练方法

第一，速览全文，重点标记。快速扫读全文，把握发言主题、要点与整体框架，还可以在稿上做出一些标记，如意群切分、结构调整等，方便后续的同声传译任务。在教学中，教师要有目的地指导学生进行跳读与扫读的练习。

第二，一心多用，听看兼顾。有稿同传中也不能只看稿，不听发言，因为发言者经常会即兴增、删发言内容，改变顺序，甚至临时决定脱稿发言，因此译员需要边看边听，这样才能保证翻译的准确性与速度，否则埋头专心译稿，容易影响现场效果。因此，学生在视译练习中，要多锻炼多任务处理的能力。

第三，参考原则，灵活衔接。上文所说的同传五项原则，对于视译教学与训练具有重要指导意义，在视译训练中，也要以顺句驱动为基本原则，避免语句结构过多调整，保证翻译流畅进行。另外也要做到衔接通顺，通过增词、重复、词性转换等将各意群衔接起来，使译语更加符合该语言的表达习惯。

第四，化繁为简，释义调整。在视译过程中最常见的问题是译员拘泥于稿中原有语句的表达方式，导致译语生硬别扭，降低传译质量。视译的核心是将信息、含义完整表达，汉语和英语表达形式上的不同要进行及时转换，比如汉语的成语译为英语，就需要在理解其含义的基础上，用尽可能简洁明了的语言翻译出来。

4. 同传困境及应对

同传是一项临场性极高的工作，在工作过程中会面临很多突发问题，如工作环境欠佳、发言者的口音过重、生僻的专业词汇或地名人名等，针对这些困难发生的问题，也要在平时的教学中加以策略讲解与练习。同传困境应对策略口音帮助译员应对原语信息中的复杂信息，解决部分可预见的紧急情况等。

同传困境应对的基本方法有，首先，适当推迟传译，当理解出现困难时，译员应该暂时推迟传译，待听完后续信息时，再行传译，不能为了保持流畅而乱译，无论何时，保证传译内容的准确性都是最首要的。其次，译员可以充分利用与其他译员合作的机会，共同配合推进工作。再次，在听到人名、地名、专业术语时，可以使用原语重述内容，这样既可以节约时间，也可以避免生硬翻译导致听众难以理解。最后，可以进行听译时间差的调整，这需要译员的长期实践经验。

不论交替传译还是同声传译，口译教学可以帮助学生快速入门，学习方法与口译技巧，但是要想熟练掌握并应用这些技巧，一方面需要教师在课堂上的合理教学与训练指导，另一方面也需要学生长年累月的坚持练习。要成为一名合格的口译人员，必须有扎实的语言功底、熟练的口译技巧，还要积极实践，在实践中积累经验，不仅有利于口译技能的提升，还有利于提高面对突发状况的应变能力。

第二节　英语口译技能教学

有经验的口译员会有很多种口译技能，在教学中，则需要将这些经验进行总结与提炼，将基本的、必需的口译技能传授给学生。从译员听到发言者讲话开始，口译的每个环节都需要译员掌握一定的技能，如听辨、记忆、分析、转换等，都要经过专门的训练才能习得这些技能，英语口译的技能教学是整个教学中最关键的内容。

一、口译基本技能

口译的基本技能是译员为了达到口译标准应该具备的基本能力，根据口译的特征及口译质量的评估标准，口译技能主要包括如图4-4所示的三个方面。

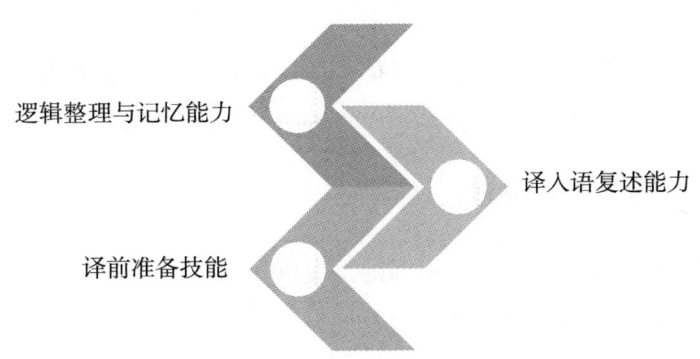

图4-4　口译基本技能

逻辑整理与记忆能力是译员跟踪发言者思路的能力，口译的基本要求之一就是译员要对听到的内容全盘接收，通过自己的知识积累对其进行必要的逻辑整理，"解码"之后暂存到记忆中，之后通过语言"解码"再表达出来。整个口译活动就是对接收到的信息进行"解码→转码→编码"的过程，三者在口译过程中环环相扣，如果无法对获取到的信息进行逻辑分析（即解码）与记忆，整个口译活动就无法继续进行。

译入语的复述能力指译员的"换码→编码"的能力，即译员通过对要翻译的内容进行逻辑分析之后，使用译语转述发言者所说的内容。要想具备这个能力，译员要先了解语言的"指称意义、语用意义和语言内部意义"这三大语义信息。不过由于口译的时间限制，译员要有对语义信息有选择有侧重地把握，避免试图译出所有语义信息，否则会无法完美兼顾，导致口译结果的不理想。

口译的译前准备围绕双语知识与背景知识进行，一方面是长期的知识积累的准备工作，另一方面是针对具体口译活动的临时准备工作。长期的准备工作是译员的成长过程，这个过程中，译员要坚持双语基本功练习与不同领域知识的拓展；临时准备工作对口译来说也十分重要，根据口译的具体领域、具体内容、具体语境等做突击性了解，此外，临时准备还包括译员在工作前的心理准备。

二、口译技能的教学

将口译的三项基本技能进行具体划分，可以分为信息的听辨、信息的处理、口译记忆、口译信息转换、译语表达等具体内容。

（一）信息接收和识别

接收是大脑的功能体现，识别则是发挥主观能动性的第一步。从语法角度看，需要识别的内容包括：词汇词义与词性、词组与专业术语、句法结构、时态、描述性从句等；从内容角度看，需要识别的内容有时间、地点、对象、事件、数量、逻辑信息等。如下面这段话，"建筑面积达300

多万平方米的工程已经在 2020 年初开工，到 2022 年全部建成之后，预计可以容纳 16 万人左右"，这段话中除了"建筑面积""工程"等词汇之外，还需要识别数量与年份信息。

影响译员接收和识别原语信息的因素主要有图 4-5 中几个方面。

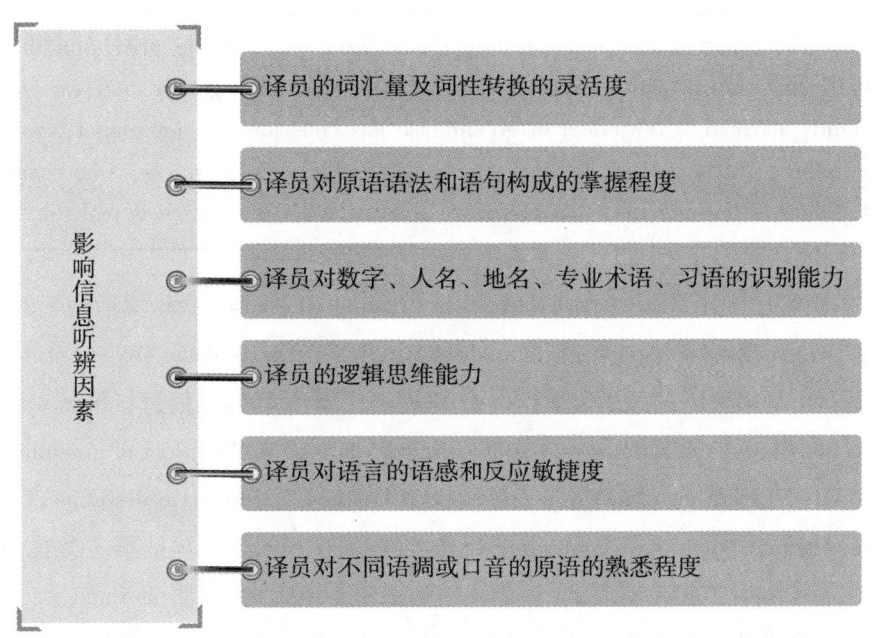

图 4-5　影响信息接收与识别的主要因素

在口译教学中，要结合以上因素对学生进行重点教学，一方面，要注重学生语言基本功的训练，积累英语词汇量与相关知识，另一方面，要重视"听"的训练，不仅要训练"听"的敏捷度，还要多听不同口音、语速的发言，以更贴近口译实践。

（二）信息处理

信息接收之后，要对其进行逻辑分析等处理操作，最首要的就是提取重点信息，当然这并不意味着我们要忽略细节，提取重点信息可以帮助译员快速接收主要内容并对内容进行逻辑分析。我们可以将原语信息分为三类：第一类是主要框架信息，即句子主干，一般包括主语、谓语、宾语、表语；第二类是从句类型，如定语从句、状语从句、同位语从句等，还可以是引出并列结构的短语；第三类信息主要指动词不定式、介词短语、形容词、副词等修饰性词句。

如下面这个例句：

> The report warns of a yawning chasm between, on the one hand the calls for radical action from scientists, environmental groups and people rightly alarmed at the effect of greenhouse gas emissions on our planet; and an other, the anxiety of decision-makers in politics and business, who share the aims of the radical action but worry about whether that action is realistic.

在该句子中，The report warns of a yawning chasm between 就是句子的主干，即第一类信息；between the calls for radical action and the anxiety of decision-makers 就是引出并列结构的介词短语，属于第二类信息；from scientists, environmental groups and people rightly alarmed at the effect of greenhouse gas emissions on our planet, in politics and business, who share the aims of the radical action but worry about whether that action is realistic 就是第三类信息，是用来修饰第二类信息的两个介词短语，同时被后置定语 alarmed 和 who 引导的定语从句所修饰。这样对句子进行逐层的框架分析，有助于译员理清复杂长句子的逻辑。

在口译教学中，教师也要经常带领、指导学生进行口译信息的处理，特别对于英语中的长难句，需要对其进行切分整理，这些需要学生扎实的英语语法基础，也需要大量的练习以提升信息处理能力。

译员在对句子进行分析之后，就可以同时完成信息的整合，为译语输出做好准备。译员对信息的接收与处理，主要依靠对原语语言的掌握程度，而在之后的"编码"过程主要依靠对译语语言的掌握程度。通常来说，中国的译员如果面对原语是英语时，难点在于原语信息的接收与处理，当原语是汉语时，难点就在于译语的转换与表达。

（三）口译记忆

记忆可以拆开为"记"和"忆"两个过程，"记"指将所听到的内容存储到大脑中，"忆"指在需要的时候从大脑中调取、激活已经记下的信息。在口译活动中，译员会先将听到的信息存储下来并进行解码，接下来在回忆信息的同时进行译语编码，进而完成口译表达。

口译记忆并不是机械记忆语言代码，而是在理解信息的基础上进行记忆，理解是影响记忆的最重要因素，在教学中，要注重培养学生的理解力与记忆力，可以采取联想记忆法、情景再现记忆法、提纲式记忆法、推理式记忆法等，都是行之有效的可以提高短时记忆力的方法。例如下面这段新闻描述：

> Hurricane Henry moved into northern Florida early yesterday morning. Nearly half a million people have had to be evacuated as the 200km per hour winds uprooted trees, tore roofs off some houses and completely demolished less sturdy ones. In coastal areas many boats were submerged by the 10meter swell, while others were beached and left stranded with their hulls ripped open.

在对这段话进行记忆时，译员可以采用情景再现记忆法，将飓风带来的灾难场景储存在大脑中，再使用译语将大脑中的场景描述出来。译员可以形成两幅不同的图像：第一幅是 Henry→northern Florida→people（evacuated）→trees→houses（roofs/complete），第二幅图像是 Henry→coastal areas→boats（submerged/beached）。

除理解能力外，译员的注意力、预测力、心理压力、想象力等都会影响口译工作时的记忆，此外，口译笔记的熟练使用也可以帮助译员进行信息存储与回忆。因此，除了训练记忆力之外，口译教学还要对这些方面予以足够的重视，多管齐下，帮助学生掌握记忆的方法，从而提高记忆力。

总之，口译记忆不是大脑被动对信息进行复刻，而是对听到的信息进行加工与重新编码的过程。针对不同的材料，译员可以选用不同的记忆策略和方法，将新信息与已知信息加以联系，减轻记忆负荷，将更多精力用于信息接收与译语输出。

（四）口译信息转换与生成

口译的信息转换与生成是口译的关键环节，转换与生成几乎是同一时间完成的。只有对所接收的信息进行恰当转换，使之符合译语的思维习惯，并且译语信息与原语信息保持一致，才能达到成功交际的目的。

首先，在词汇层面，短语、单词等要转换成对应的译语，不过单从词汇来看，除专业术语外，交际用语很少有完全对应的，因此在口译教学中，也要教授学生必要的信息转换策略，常用的词汇转换策略有增词、词性转换、删减、解释说明等，其目的都是使语言流畅、符合译语习惯等。例如下面这几组简单的例子：

> 英：Promptness is valued highly in China.
> 译：在中国，人们非常重视守时。
> 英：The lion is the king of animals.
> 译：狮子是百兽之王。
> 英：Their love is a secret.
> 译：他们的恋情很隐秘。

在第一个例子中，英语中的被动语态一般不会明确指出动作的发出者，这时就可以使用"人们""大家"这种模糊的称呼。第二个例子中，加入"百"这一模糊数词就非常符合汉语习惯了。第三个例子中，secret在原句中是个名词，在翻译时可以译为形容词。

其次，在语句层面，英语的句子呈现出一种树状结构，主干突出，主谓宾突出，先将主语和主要动作作为树干，其他的从句、短语等向主干靠拢；而汉语的句子没有主干、分枝之分，就像一节节连在一起的竹子，按照动作顺序或逻辑顺序层层铺开。由于汉英句子结构的差异，在口译时对句子进行信息转换就比较复杂，需要译员先了解句子逻辑，再使用英语思维或汉语思维进行梳理与译语表达，最常用的信息转换的方法为分句与合句。例如下面这两组例子：

> 英：There are many wonderful stories to tell about places I visited and the people I met.
> 译：我到过一些地方，见过一些人，要说起来，奇妙的事可多着呢。
> 英：It was on the early morning of May 2, 2002. The pilots were briefed in the ready room.
> 译：2002年5月2日清晨，飞机驾驶员在待命室接受飞行任务。

最后，在语篇层面，语篇层面的口译是最大的挑战，在同声传译的场合中，译员几乎没有时间对一段相对独立的语篇进行分析、整合，在交替传译场合中，译员可稍有余地。对语篇的把握有助于译员整体分析，并根据自己的逻辑重组译语。例如下面的例子：

> 汉：进入桂林公园，阵阵桂香扑鼻而来。满树金花、芳香四溢的金桂，花白如雪、香气扑鼻的银桂，红里透黄、花多味浓的紫砂桂，花色似银、季季开花的四季桂，它们竞相开放，争奇斗艳。
> 译：The park of Sweet Osmanthus is noted for its profusion of osmanthus trees. Flowers from trees in different colors are in full bloom which pervade the whole garden with the fragrance of their blossoms.

原文对桂花的描述用词十分华丽，如果将其直译出来，会显得啰唆且夸大，因此译文中采用删减与重组的方法，使用平实的语言将"桂花开放、香气满园"的信息传达出来。

总之，对信息的转换和生成需要译员扎实的双语基本功与敏锐的跨文化交际意识，在口译教学中，信息转换技能的教学既要注重具体方法的传授，也要重视学生的跨文化意识培养，还要强调语言基础在口译中的重要作用。

第三节 英语口译教学方法研究

现代教学中，强调"以学生为中心"的教学理念，口译学习过程十分强调"以实践为主",如何才能做到以学生为中心?如何帮助学生提升口译技能?如何为学生提供良好的实践条件?这些都是在口译教学中要回答的问题。目前有很多已经在实行的或者已经提出的英语口译教学方法,可以为将来的口译教学提供借鉴。

一、以过程为中心的口译教学方法

以过程为中心的教学方法注重课堂内活动,其侧重点在于学生主体性的形成,包括口译理念的构成、口译意识的培养、口译习惯的获得、口译职业技能的培养等。以过程为中心的教学方法有批评法、工作坊教学法、计算机辅助教学法等。

(一)批评法

刘全福指出,批评法是翻译课堂教学中,教师在发挥主导作用的同时,最大限度地调动学生的积极因素,让学生完成指定翻译练习后再对译文进行自我评价或相互评价,以提高学生的翻译水平。批评法是翻译教学中的一个重要观念,在口译教学中一样适用。

在运用批评法时要注意以下几点:

第一,要充分发挥学生的积极能动性,学生在口译的句法等地方可能会出现错误,但是其他方面会有很多创新之处,要充分给予肯定,对学生的学习做出正面引导。

第二,要创造良好的批评氛围,教师要克服成见效应与晕轮效应,学生要尽量展示自己,积极参与互评。

第三,通过批评性的学习,引导学生总结经验教训,并有针对性地对不足之处进行学习,以全面提升口译能力。

第四,教学中的批评法通常是以小组为单位进行的,一般是3~4人为一组,批评的具体方式可以是自我批评、组内互评、组间批评、合作批评等。

第五,批评不限于课堂之上,也不限于师生、学生之间,也可以对职业口译员及其口译工作展开批评学习。

（二）工作坊教学法

工作坊教学法源于北美，类似于坊间师父带徒弟的教学方法，这种教学法强调学生的自主性、创造性、探索性，并注重师生之间、学生之间的多向互动。金圣华曾指出，翻译工作坊教学法是由教师结合教学需要，布置翻译任务，或者由学生自己选择翻译任务，再由学生自评、集体讨论，最后教师总结，做出理论升华。肖红认为，翻译工作坊的本质是促进学生从做中学，注重翻译过程，而非教学终端，教师在教学中集向导、组织者、顾问、监督者等多种身份于一身，学生是翻译过程的参与者、合作者、学习者，是整个过程的主体。

在口译教学中引入工作坊式教学法要注意：第一，工作坊不仅可以让教师参与指导，也可以聘请翻译公司的职业口译人员进行指导。第二，要注意课中、课后的时间分配，口译课程课时有限，因此必须精心组织课堂以提高课堂效率，并结合学生水平与教学目标安排好课后的作业与讨论任务。第三，"知之者不如好之者，好之者不如乐之者"①，工作坊教学要创造轻松愉快的氛围，激发学生对口译学习与训练的兴趣。

（三）计算机辅助教学法

计算机辅助翻译是利用计算机软件在两种自然语言之间进行互译，但是多数机译软件是基于传统的句法转换规则，无法达到使用者的要求。其优势在于可以帮助译员将专业知识应用到超越语法结构和词汇的层面，进而组成语篇，并且可以提供百科全书式的知识帮助，但是计算机翻译的不足也很明显，如句法结构复杂、语言模糊、专业不精等。

计算机辅助教学在口译教学中一定要注重"辅助"二字，即计算机只能是辅助作用，在口译准备阶段可以参考，真正的口译活动中是几乎没有机会使用计算机协助口译的，因此在教学中计算机也不可能起到主要作

---

① 王育颐. 中国古代文学词典（第4卷）[M]. 南宁：广西教育出版社，1989：360.

用。在使用计算机辅助教学时，要注意：第一，作为众多教学辅助手段之一，该方法通常不会直接出现在课堂上，多以兴趣小组的形式用于课外练习或讨论。第二，计算机对歧义、复杂句法的翻译有局限性，因此学生要注意对机译内容进行慎重甄别。

（四）任务教学法

任务教学法是认知主义学习理论下的重要教学方法，在外语教学与翻译教学领域应用十分广泛。彼得·斯基汉（Peter Skehan）曾对任务活动做出解释：(1) 意义优先；(2) 有交际问题需要被解决；(3) 与真实活动有相似之处；(4) 任务完成过程中有主要关注点；(5) 以结果评价任务。夏纪梅指出，任务包括输出物、目标、角色、环境、活动、监控、成果、反馈这八个要素。

运用任务教学法要注意三个环节的问题：

在任务前，教师要合理安排任务的难度，并突出在任务中使用的口译技能要点，帮助学生完成分组，并制定任务完成计划。

在任务中，教师或组长要对任务计划的执行进行监控，并控制完成任务的速度。

在任务完成之后，对任务的完成情况组织评价，并将任务过程中用到的技能、方法等上升到理论层面进行反思，以巩固正确的口译理念与口译原则。

（五）功能主义教学法

功能主义认为，翻译的原则首先是"功能原则"，即译文要达到的功能决定了翻译的策略。基于功能理论，诺德（Nord）提出功能主义的教学方法论：第一，文本的使用情境决定了文本的语言特征；第二，通过对比翻译任务中译语情境与原语的功能分析，可以预先将翻译的困难找出来；第三，功能主义的翻译策略遵循自上而下的途径。

功能主义教学法是一种非常务实的教学方法，在口译教学中重视言语交际功能的实现，其缺点在于忽视语言基本功的教学，在教学过程中可以与其他方法综合使用。

此外，以过程为中心的教学方法还有语料库教学法、档案教学法、信息交流教学法等多种各有侧重的方法，在教学方法的选择上，要注意其适用性，明确优点和不足，选择最适合的教学方法。并且在教学中要坚持以科学的教学理论与口译理论为指导开展教学，鼓励学生积极参与课堂互动与课后训练。

二、以结果为中心的口译教学方法

以结果为中心的教学方法是按照一定的理念选择教学内容，并以此开展教学，其关注点在于学生的语言、文化、口译技能等方面的能力变化。现在常见的教学多是以结果为中心或以结果为导向的，最常用的结果中心教学方法是通过英汉语言对比进行教学，如词句、重心位置等，这些我们前后文都有详细研究，除此之外，以结果为中心的口译教学法还有下面几种。

（一）修辞教学法

修辞教学法最早是吴新祥提出的应用于笔译的教学方法，他认为，语言系统包括语符表层、语用修辞层、语义深层三个层次，在外语学习的初级阶段以语符学习为中心，中级阶段以语义和文化学习为中心，高级阶段以语用修辞为中心，修辞学可以沟通语言与文学。

修辞教学法也可以用于英语的口译教学中，在口译中，如果合理地将修辞与口语交际结合，对交际的达成也有一定的推动作用。此外，运用美学或修辞学可以培养学生在修辞、情感、语言转换、语境情景、个性化话语方式等方面的敏锐感知力与转述能力。

（二）五步教学法

威尔斯（Wolfram Wilss）提出翻译的五步教学法，将其应用于口译教学中，调整后应该是这样的：

(1) 分析原语，包括原语的含义、句法、风格等方面的分析。

(2) 对口译任务的困难进行描述、解释。

(3) 通过口译策略解决这些困难。

(4) 完成口译。

(5) 对口译结果进行评估与总结。

五步教学法侧重启发学生正确认识口译中的问题，并通过对口译结果的分析和回顾，抓住学生口译的问题或在口译中表现出的亮点，以此进行译后的总结，帮助学生积累经验、提高技能。

在英语口译教学中，无论以过程为中心，还是以结果为中心，都是以口译结果为明确导向的，对口译过程的研究与训练，也是为了更好的口译结果。实际教学中，这两类教学法并不是对立的，而是并行或者交叉进行的，教学中要综合使用多种不同的方法，以最大限度地发挥口译教学对学生口译生涯的引领作用。

三、教学方法的综合运用

在口译教学的初级阶段，以过程为中心的教学法可以使用比较法，即让学生对多种不同场合、不同主题的口译进行比较，增强学生对口译工作的直观感受，提升对口译的兴趣；还可以使用批评法，组织学生展开对口译学习中的批评与自我批评，通过批评了解口译中常见的错误与问题，同时提升口译技能。

以结果为中心的教学法主要是英汉的语言对比方法，重在培养学生对两种语言差异的认知，培养学生的跨文化意识，并且展示好的口译与不好的口译，通过对比感受语言差异所代表的文化的差异；还可以使用五步教学法，在口译完成之后，针对口译结果进行反思讨论，比如表达是否足够清楚、是否有更好的表达形式等，通过结果反思过程，既帮助学生积累口译经验，还可以养成自我反省的习惯，口译是一项需要终身反思、终身学习的工作。

在口译教学的中级阶段，以过程为中心的教学法可以使用功能主义教学法，让学生学会自上而下进行翻译，根据"功能+忠诚"的原则对原语进行分析，并确定译语的表达方式与内容；还可以使用语料教学法，帮助学生通过使用语料库，丰富口译知识与百科知识。

以结果为中心的教学法主要是语篇的口译，旨在帮助学生分析原语并决定口译策略，同时从衔接连贯、重点突出等角度思考译语的具体表达；在过程为中心的教学中，还可以采用五步教学法、社会符号学教学法等。

在口译教学的高级阶段，以过程为中心的教学法有比较法、批评法、计算机辅助教学法、任务教学法等，通过这些教学方法，以高标准要求学生，向职业译员靠近。以结果为中心的教学法主要是修辞教学与符号学教学等，这一阶段是口译教学的专精阶段，学生已经有了较好的语言功底与口译水平，教学目的是帮助学生更上一层楼，因此，这一阶段的教学要多以实践为主，成为学生完成角色转变的平台。

在口译教学的任何一个阶段，甚至任何一节课中，教学法都不一定是单一的，可以同时有多种教学法，也可以同时兼顾结果与过程，过程决定了口译结果，结果可以作为过程反思的工具，在教学中要引导学生从这两个方面总结口译经验，提升口译技能。

第四节　口译教学中常见问题及对策

目前我国的口译教学还处于发展阶段，甚至一些学校或教师对口译教学的认识都有所偏差，因此，对口译教学中常见的一些问题进行分析，可以帮助教师与学生形成对口译教学的正确认知。

一、口译教学中常见问题

（一）口译教学与口语教学

根据高等学校的英语教学大纲，口语和口译都是英语专业学生的必修课程，其中口语是基础阶段课程，口译为高年级阶段课程，但是并不代表高年级学生的口语水平就已经达标，在高年级阶段，语言能力的提高依然是一项重要任务。

口语教学的目的通常是提高表达能力，实现日常交际，并不以实现口译为目标，因此主要学习还是以外部语言为主，学习者根据目的语的语法、习惯、语音、符号等语言规则进行模仿与练习。口语水平高的人，在交际中可以遵守各种语言规则的同时，也体现个人的说话特征，而且在交际中，只需要使用一种语言思维进行交流即可，无须转换思维。

而口译中的口语与日常口语有较大差异，而且译员需要时刻进行双语思维的转换。在口译教学中，必须将口译口语和日常口语、口译技能与口语技能加以区分，明确口译工作语言的特点，训练口译的技能。

从社会学的层面来看，语言是可以无限延伸的，但是对个体而言，每个人对语言的了解是有限的，不论是母语还是外语都不可能彻底掌握，而且没有人可以同样程度地掌握不同的语言。因此，译员要经过长期的努力，做到母语娴熟掌握，译语能够理解准确、表达流畅、基本信息精准无误、专业术语可以使听众接受等。口译教学中也要重视译语表达能力与译语综合能力的培养。

虽然口译教学与口语教学的目的和训练时的重点不同，但是口译训练也可以提高口语水平。口语练习对口译的转述也有积极的作用，二者相辅相成，共同提高，不仅帮助学生学习口译技能，还可以帮助学生习得更地道、标准的口语表达。

（二）口译与笔译的关系

口译与笔译是翻译的两大基本形式，在高校的翻译教学中，口译和笔译的训练都是必不可少的，而且从中国的翻译市场来看，只做口译或只做笔译是不利于学生将来的职业发展的。

在口译教学中，也可以采用口笔译的有机结合。翻译的直译、意译等基本技能对于口译和笔译都是通用的，笔译课上更有利于学生更扎实掌握这些技能，在口译课上就要重点突出口译的译前准备特点与即时的口头表达特点，同时巩固翻译的基本技能，实现知识的内化与技能的习得。

例如，可以选择部分主题，先让学生做口译练习，再将其译为文字，比较口笔译表达的差异，在比较与思考的基础上提高语言运用能力，也是提高学生翻译水平的途径之一。

（三）汉译英与英译汉

按照国际惯例，职业译员通常负责外语译入母语或者外语译入另一种外语的单向口译工作即可。但是中国的情况比较特殊，汉译英与英译汉一般是由同一个人负责，特别是交替传译。这就要求中国的学生不仅要学习英译汉，也要学习汉译英。

一般情况下，无论口译或笔译，都会先选择英译汉的教学，之后进行汉译英的教学，或者交替进行，这是因为很多学生在初学翻译时，仅停留在可以理解英文意思的层面上，英语表达能力较弱，但是只要理解含义，就可以使用汉语进行语言编码将原语意思译为汉语。如果先进行汉译英的训练，对很多学生来说是难度较大的。此外，先进行英译汉的训练可以解决两个问题：一是通过译前准备，让学生了解相关的主题知识与百科知识，二是帮助学生在英译汉的训练中积累英语表达的习惯和方法，为汉译英奠定良好的语言基础。当然也有一些学校坚持先进行英译汉教学，这样的好处是可以较快提高学生的英语水平。

汉译英往往要比英译汉困难得多，对母语为汉语的译员来说，在汉译英时，要充分考虑英语语言文化与听众习惯，特别是二者在语言形式上有很大区别，要想挣脱汉语的语言外壳与译员的汉语思维，需要付出更多的努力对原语进行信息分析与编码。如这句话"今天我想就环境保护问题给大家看几组数据，看看我们在环保方面有哪些改善，有哪些尚未解决的问题"，这句话的重点是什么，"看数据"还是"改善"还是"问题"？如果不分主次分别翻译成三个独立的句子，显然是会让听众陷入迷茫的，因为英语非常强调语言形式的内在逻辑，如果逻辑不清，是无法进行英语的口译的，我们可以将这句话的逻辑理一理：主句是提供数据，目的是看改善的地方和问题所在，这样组织句子就更容易被接受；或者也可以是这样的逻辑：找改善的地方与问题是主句，方式是通过展示数据，这样组织的句子也可以被接受。不论哪种理解，都需要将汉语的意合进行分析，理出逻辑，才能做到英语表达的形合。

（四）教学实践与社会实践

在很多地区，想要参与真正的口译实践几乎是不可能的，我们所说的口译重视实践训练并不一定是工作实践，教学与训练本身也是实践的一种，其中项目带动教学则是教学的很重要手段之一，项目可以是真实的，自然也可以是模拟的或是工作坊形式，这种模拟实践要以真实实践为标准，比如译前准备阶段、口译到场时间、译后评估等，这些都可以作为学期考核的一部分，以提高学生参与实践的积极性。

学生会有很多课程或活动，经常没有时间参加课后的练习或缺乏训练积极性，解决这种问题就需要两个原则：一是任务明确，二是有检查手段。比如，口译练习就可以采用录音或录像的方式，教师组织检查或学生互查，也可以进行抽查，并将练习结果记入平时成绩。这样既可以督促学生完成必要的练习，也可以使学生认识到在口译习得过程中实践训练的重要性。

（五）口译教学中的不足

教学的三要素是教师、学生和教材。一些学校或教师由于各种原因，很容易将口译课上成口语课、演讲课、精读课，这样虽然有助于学生提升语言能力，但是对其口译能力的促进作用十分有限。此外，虽然口译课程一般设在高年级阶段，但是很多学生的语言能力并不足以支撑其进行口译活动，因此会出现词不达意的情况。口译教材的内容也过于书面化，且材料缺乏时效性。这些都是现代口译教学中亟待解决的问题。

二、口译教学改进对策

首先，教材层面。要注重多媒体教学工具的使用，特别是针对口译这种现场性与即时性都很强的活动，书面材料的内容不宜过多，否则与口译的特性背道而驰。随着互联网、多媒体等技术走入课堂，口译教材形式可以不局限于课本，更加多元化，如音像、影像资料等都可以成为口译教材的组成部分。而且传统纸质教材更新换代较慢，而借助互联网可以使文本材料更加紧跟时事。这样不仅可以将教材进行升级，还可以帮助教师与学生更新教学和学习理念，提升教师的教学技能，激发学生的学习兴趣。

其次，教师层面。很多教师并没有从事过口译实践工作，口语能力强不代表口译技能好。一方面，教师也要积极参与口译实践，无论真实的口译活动还是模拟的口译实践，通过切身进行口译操作，可以更加明白口译中可能出现的问题及解决方法，在教学时"现身说法"，可以使课堂更有活力，并且教师的经验可以帮助学生更好掌握如何将口译技能、方法应用于口译实践。另一方面，口译教师的选聘标准也不能只看口语或英语能力，也要看教师的口译能力与口译教学能力。只有教师、教材都过关，才能使学生得到更好的口译学习体验。

最后，学生层面。口译的习得绝非一日之功，要想学习口译并将口译技能应用于实践中，学生需要掌握扎实的双语语言基础，只有对两种语言都十分熟悉，才有可能完成口译活动。此外，在口译学习过程中，除了学习口译技能之外，也要博闻强识，多学习各种百科知识，这样可以帮助自己应对各种不同主题的口译。口译的习得还需要自己的自主学习，课堂教学的时间是十分有限的，要想成为一名职业口译员，一定要发挥自己的主观能动性，积极主动学习知识与技能。

在教学实践中，教师除了对学生进行技能教学外，也要从教学实践中总结经验，形成体系。在对口译进行研究的过程中，口译教学的研究也受到很多译者与教师的关注，他们将口译的科学理论与现代教学相结合，通过对这些理论的研究，将其应用于教学实践中，帮助教师更新教学理念，拓宽教学视角，很多方法论都对英语的口译教学起着重要的指导作用。

第五章

现代口译教学方法论研究

第一节 基于释意理论的口译教学

释意理论的核心就是"意",主张翻译就是"释意",翻译的过程是交际过程,语言符号不是译员唯一的工作对象,译员的目的是译语听众接收效果与原语听众等效。释意学派是20世纪60年代末产生于法国的一个探讨口译、非文学笔译的原理与教学学派,该派提出的释意理论直接源于口译实践,对口译研究和教学有着独特的启示。

一、释意理论

本书第二章已经对释意理论进行了较详细的研究,释意理论的核心思想是,翻译的主要目的是译意,而非语言外壳,翻译的对象的信息内容,而非语言,提倡在翻译中进行"文化转换"。释意派的口译程序模式为:理解原语→脱离原语语言外壳→译语表达已被理解的内容和情感。

二、释意理论对口译教学的启示

(一) 释意理论下的口译策略

1. 适当解释

适当解释是口译的基本策略之一,根据释意理论,对原语的理解是口译的第一道程序，理解原语就是对其进行释意的过程。译员在口译时，要以译语为基础，在此基础上，有时需要对特殊词句进行解释，如某些暗喻成分要解释为简单直白的意思，某些专有名词要做进一步的补充说明等。例如下面这两组例子：

> 英：Bob was upsetting the other children, so I showed his door.
> 译：鲍勃一直在打搅其他孩子，于是我把他赶出去了。
> 汉：中央财政"三农"投入累计将近3万亿元，年均增幅超过23%。
> 译：Central government spending on agriculture, rural areas, and farmers totaled nearly 3 trillion yuan and grew at an average annual rate of more than 23%.

第一组例子中，原语中的 I showed his door 从字面理解是"我把他带到了门口"或者"我把门指给他看"，但是结合前文可以知道，鲍勃一直在捣乱，考虑到具体语境，译为"赶出去了"更为合适，在翻译时，要正确理解原语的具体情境才能领会到说话人隐含的意思，并准确传达出来。

第二组例子中，原语中的"三农"一词是非常具有中国特色的词汇，指的是"农业、农村、农民"，外国人通常是不理解"三农"的含义的，因此译员在翻译时将其译为 agriculture, rural areas, and farmers，对"三农"一词进行了适当的解释，便于英语听众了解这句话的意思。

2. 文化转换与传递

中国人在讲话时常常使用一些习语或者典故来表达意思，但是这些中国特色的表达方式对西方人来说是难以理解的，这时就需要译员对文化进行转换与传达。如下面两组例子：

> 汉：行百里者半九十。
> 译：For a journey of 100 miles, 90 miles is only halfway.
> 汉：针尖对麦芒。
> 译：Diamond cutting diamond.

面对这类习语，最好的翻译策略是能够在英语中找到意思一致或相近的习语表达，如果没有，译员将其意思准确翻译出来即可。无论哪一种翻译方式，都需要译员对两国文化有深刻的理解，这样才能使自己的口译结果被译语听众所接受。

3. 意义对等

奈达最早提出"对等"的概念，对等包含文字对等与意义对等两个方面，根据释意理论，在口译时意义对等是最重要的，要多使用意义对等的翻译策略以使译语表达更加准确清晰，也就是口译时要遵循"内容大于形式"的原则。如将"失之东隅，收之桑榆"译为 Lose where the sun rises and gain where the sun sets. 或 What we lose in hake we shall have in herring. 虽然没有做到文字形式上的对等，但是原句的意思被完整表达出来，满足译语听众的期待。

（二）释意理论下的口译教学

释意理论被广泛应用于口译训练中，要求学生在训练前就完全掌握工作所用语言，训练过程中重点强调对内容的理解与口译，排除语言因素的干扰，对口译教学与口译练习有着积极的促进作用。

1. 理解原语

根据释意理论，意义是语言认知知识结合的结果，意义的产生也是译员实现表达的先决条件，因此，理解原语是口译的首要环节。在口译活动中，译员首先要能够清晰完整地获取原文信息，再借助良好的分析能力对其加以理解，这里的理解不仅指对字面的理解，还包括对语句完整含义的理解。

这也启发我们在教学中，对原语的听辨训练是非常必要的，很多英语学习者都是读、写能力强，但是听、说能力较差，特别是在听的方面，经常由于说话人的语速或口音等导致漏听、误听，对信息的完全接收是理解说话人意图、语句意思的前提。

在对原语的理解上，可以结合说话人的语气、措辞等感受其情绪，给予恰当的翻译。如下面这个例子：

> 英：The letter was an eye – opener, she wanted to divorce me!
> 原译：这封信使我大开眼界，她想和我离婚。
> 改译：这封信使我大为惊讶，她居然要和我离婚。

英语原语中的 eye – opener 的确有"令人开阔眼界的事物"的意思，但是结合后半句话，此处译为"大开眼界"显然是不妥当的，在感情、逻辑上都存在很大问题。此处误译的主要原因在于没有结合语境，导致没有真正理解原语意思与说话人的情感。因此，对语言的正确听辨是口译教学与口译的第一步。

2. 脱离原语语言外壳

脱离原语语言外壳是释意理论翻译程序的第二个环节。在这个环节中，短时记忆可以帮助译员脱离原语的语言外壳，由于口译中口头陈述是转瞬即逝的，因此译员需要通过短时记忆记住原语意义并使用译语进行表达，如果想要在极短时间内将原语语言符号完全记下来几乎是不可能的，因此对原语的理解是在短时间内脱离其语言外壳的最佳方法。

在教学中，也要注重培养学生的短时记忆与复述能力，比如听完一段语篇后，请学生用原语或译语对其大意进行复述，这样可以帮助学生在训练中提高对文本的理解与分析能力，同时锻炼表达能力，长期进行这样的训练，在原文听辨、理解记忆、注意力分配等方面都会有较大进步。

在口译中，脱离原语语言外壳的重要性尤其体现在一些典故运用、不同表达习惯等方面，如下面这个例子：

> 汉：中国的发展离不开世界，中国的发展不仅造福自身，也惠及世界。
> 译：China cannot develop in isolation from the world and China's development benefits not only itself but also the rest of the international community.

在汉语语法和表达习惯中，"中国的发展"是很常见的句法，但是在英语中类似的句法并不多见，为使译语尽量符合西方观众的语法习惯，译员在翻译时使用了 develop 和 development 两个同源但是词性不同的单词以避免重复，而且译语也不是与原语字字对应，但是做到了意义对等，因此，脱离原语的语言外壳在口译实践中具有广泛的可用性。

奈达曾指出，语言与文化互为依托，不可能离开彼此独立存在，正是语言和文化这种不可分离的特性决定了口译教学过程中只考虑语言是远远不够的。除了语言知识外，学生还要学习大量其他知识，特别是以原语和译语为代表的文化内涵差异的知识储备，这样才可以通过对说话内容的理解，成功脱离原语语言外壳，进入最终的口译表达环节。

3. 译语表达

翻译的最后环节为译语表达，即使用译语将已经理解的内容和情感表达出来，表达质量的高低与译员的语言功底有着密切联系，直接影响口译结果。一般性的表达较少存在问题，要注意的是对一些习语、典故的处理方法，一些有约定俗称的对应表达，如"有志者，事竟成"就被译为 Where there is a will, there is a way，这个翻译在形式、内涵上都十分贴合原语，这样的例子很多，平时要多积累这方面的知识。对于那些没有匹配的习语，可以采用直译、意译、释意性翻译等方法，力求准确表达原语含义。

任何文化都有共性和特性，译员对文化的差异性进行准确理解和表达，是口译能否成功的关键，如果说话人表达的内容与形式都超出了接收者的文化范围，就需要译员尽可能将原语文化转换为译语文化，使用多种翻译手段，揭开信息的文化内涵，帮助信息接收者更好理解讲话内容。

比如在中国的会议等场合开场发言时，会有这样的表达："各位领导，各位来宾，女士们，先生们，晚上好！"在我们看来，这种表达非常自然得体，但是在英语国家中并不会有"各位领导"的相应称谓，他们一般会称呼某一个身居要职的人士，如 Mr. President 或 Mr. Chairman 等，因此，在翻译前面那句汉语开场时，译员一般会译为 Good evening! Distinguished guests, ladies and gentlemen! 以符合译语听众的交际习惯，达到良好交际效果。在口译过程中，文化转移的目的并不是要将听者带入说话人的文化世界，这种转移也无法完全消除填补两种文化之间的差异，但是一定程度上可以拉近听众与说话人的距离。

释意派的理论基于对口译实践活动的观察与研究，是口译实践经验的总结与升华，对口译教学过程也有十分重要的指导作用。首先，对原语的理解和表达是培养学生学习口译的基础阶段，否则就无法进行基本的沟通；其次，释意派理论中最重要的"脱离原语言外壳"的主张对提高口译效果起着重要作用，要在教学中培养学生语言解码与转码的能力。此外，教师在教学中不仅要重视学生双语语言功底的加强，还要培养学生的跨文化意识，提高学生在处理文化转移方面的能力，从而提高口译教学的质量与效果。

第二节　基于关联理论的口译教学

关联理论是语用学领域的研究理论，该理论认为，语言交际是一个从认知到推理的过程，要想正确认知就要找到关联性，要想找到关联就需进行思辨、推理。口译是语言使用的一种方式，也是一种语言交际行为，因此，语用学的发展为口译带来了新的研究方向与角度，而且关联理论与口译有着很好的适配度，可以帮助我们从认知关联的角度把握口译的动态特征，也给口译教学带来了很大的启示。

一、关联理论

索绪尔（Ferdinand de Saussure）的符号学创立之后的很长一段时间中，人们也用符号学的观点研究交际理论，认为交际是通过符号代码的编码与解码规则构成的符号系统进行的，这就是交际理论的信码说，但是信码说并不能完全解释现实交际，比如 Time is money 这个隐喻语句中就暗含了很多含义，如"时间是宝贵的""时间会流失""时间可以创造金钱"等，信码说并不能准确说明在交际中说话人真正的意图是哪一种，对话语的解释具有不确定性。

关联理论重新认定了语言的交际模式，认为语言交际过程是一个明示—

推理过程，明示是从发言者的角度来说，也就是发言者的输出内容是明确的，推理是从听者角度而言，听者需要从这些明确信息中推断出发言者的意图，这种模式弥补了代码模式的不足，为我们理解话语提供了一种简洁明快的方法，可以结合具体语境推断出接收到的信息的确切内涵与说话人的暗含意图。交际的推理模式认为在交际中语言表达和发言者意图之间不是靠符号规则，而是靠认知过程联系的。

关联理论下的推理模式中，输入信息不仅包括语言信息，还包括非语言信息，语言信息是经由一定语言规则处理的，但是不能提供充分的条件保证信息的准确传达，还需要借助具体语境、说话人的神情状态、肢体动作、社会背景等非语言信息进行关联分析与推理。

如这个例子：Kate 与 Mark 在公园散步，Kate 看到了自己很讨厌的 Peter 走来，于是对 Mark 说："Look! Peter is coming."这句话表示了 Kate 想要离开的意图，是说话人的明示行为，如果 Mark 根据这句话推理出 Kate 想要避开 Peter 的意图，那么他们的交际就是有效的，但是前提是 Mark 已经知道 Kate 对 Peter 的感情，否则也无法正确推理 Kate 讲这句话的真正意图。

推理是按照一定思维规律对语言和非语言信息进行关联分析的过程，关联理论认为，推理思维使复杂多变的语用现象可能得到统一的解释，在话语理解中的推理一定是语言和非语言信息相互作用的结果。

斯帕伯（Sperber）和威尔逊（Wilson）认为，话语内容、具体语境与各种暗含意思，都会影响听者对信息的理解，而听者不一定在所有情境中都可以迅速理解话语的全部意义，通常只是采用普通的、单一的标准去理解话语，从而认定一种唯一可行的理解，这个标准就是关联性。关联性的强弱取决于交际双方付出的努力和语境效果，一般来说，语境效果好，讲话与推理付出的努力就小，关联性就强；语境效果差，推理时付出的努力就大，关联性就弱。

斯帕伯和威尔逊将关联原则细化为两条原则，一是认知关联原则，即人类认知倾向于符合最大关联；二是交际关联原则，即每一个明示的交际行为都应设想为它本身具有最佳关联。人们在认知领域要追求的是最大关联性，在交际领域则要追求最佳关联性。在交际过程中，交际的双方会寻求最佳关联性，即既使话语产生足够的语境效果，又只需要为此付出最小的努力。

二、关联理论对口译教学的启示

口译过程中存在两个环节的交际，第一个环节中，说话人是信息输出者，口译员是信息接收者，第二个环节中，口译员是信息输出者，译语听众是信息接收者。当口译员作为接收者时，要在接收到的新信息与头脑中已有的旧信息之间寻找最佳关联，建立最好的语境效果，这样在推理时需要付出的努力就越小；当口译员作为输出者时，要根据译语听众的认知能力与认知环境，努力达到最佳关联，使听众可以获得足够的语境效果，又无须付出额外的推理努力。所以，口译员是实现最佳关联性的关键因素，而能否实现最佳关联的转换又决定着口译是否成功。

最佳关联性的取得需要口译员扩大自己的认知语境，这需要译员平时知识的积累与综合能力的提高，同时还需要译员在口译活动之前做好充分的准备，熟悉将要面对的发言者、讲话内容与译语听众，以更好理解发言者的交际意图与译语听众的交际需求，实现信息的成功接收与转述。在口译教学中，也可以应用关联理论，培养学生根据不同的语境，快速准确推理出发言者的讲话意图并将其意图明示表达给听众。图5-1就是口译的关联过程。

（一）加强听力预测能力训练

笔译是通过对原文的理解获取信息，口译则是靠听力理解话语，并在听完之后使用译语表达出来，这就需要口译员有非常好的原语听力理解能力，因此口译教学首先要加强学生的听辨训练。

听力理解分为三个阶段：感知、分析、使用，即译员先听到新信息，继而进行分析，当新信息与旧信息建立关联性时就产生理解，通过大脑的思维活动将信息整合为连贯的译语语言材料，最终实现译语转述。在这个

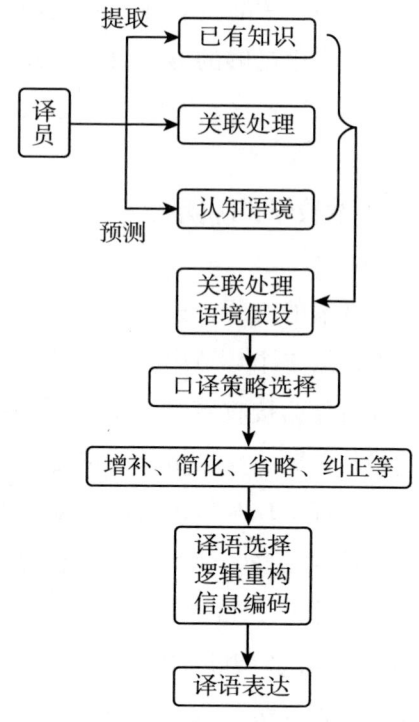

图 5-1 口译关联过程

过程中,原有信息与新信息的关联性有着重要作用,只有找到二者的最佳关联才能正确理解信息,要做到这点,就需要在教学中训练学生对新信息的预测或猜测能力。

发言者的语言表达都有一定的逻辑性,译员在接收信息时,可以根据前言后语、用词含义、语气语调等,对某些没有听懂或没有听清的部分进行合理的猜测,为了更流畅进行口译,还可以在一定情境中,根据前文内容对发言者还未讲出的话语进行预测,而且可以通过从下文获取的信息对前面的预测进行补充与纠正。

译员整个听的过程就是预测、猜测、检验、证实等反复进行的思维过程,根据预测练习,可以提高解码速度与准确度,对促进译员的听力提高有重要作用。在教学过程中,也可以实施相关训练措施,如播放某一文本的片段,让学生根据前面所听到的内容对接下来的内容进行合理预测,不要求预测所有内容，只要试着预测接下来的一句话或半句话的内容即可。这样不仅提高学生的听力与思维能力，还可以锻炼同时处理多任务的能力，对口译整体水平的提高都很有帮助。

要想做到对所听内容进行预测，需要译员具备足够的语境知识，并在口译活动中做好随时提取这些知识的准备，语境不仅指上下文与话语含义，还包括百科知识、专业术语、听众背景等，如果译员可以实现具备这些知识，就可以在口译实践过程中快速找到合适语境知识，得出所听内容的最佳意义。这就要求教师在教学过程中要帮助学生建构全面的知识结构，并对口译所需的记忆、预测等技能加以训练。

（二）克服语言思维差异，实现语言迅速转换

口译的要点之一就是译员要紧跟发言者的讲话思路，并对听到的内容全部理解并记忆，在口译过程中，解码→转码→编码的过程几乎是同时进行的，任何一个环节出现问题都会对口译的顺利进行产生影响。因此，如何培养译员迅速、准确进行语言转换的能力是口译教学的关键内容。

要想实现两种语言的迅速转换，就要注重对两种不同语言思维方式对比的教学，要明确差异所在，才能设法克服它，通过对汉英语言内容与形式的对比分析，使学生理解思维对口译的影响，并在训练过程中养成并提升跨文化意识。在口译训练过程中，要引导学生从原语的语境中找到最佳关联，并选择最佳语意，这就需要熟悉原语思维模式，克服思维差异，同时在这种差异中找到口译的乐趣与意义，激发其对口译训练的兴趣与动力。

（三）避免词句对应的单一翻译方法

一些情况下，词句对应或顺句翻译是最简单直接也很有效的翻译方法，但是口译实践的大多数情况下，词句对应翻译会导致译语的不连贯甚至出错。学习者首先要明确的一点是，口译是意义的翻译，其基础是通过语言表达领会说话者的真正意图，而不只是理解语言本身。

口译教学要鼓励学生尽可能避免逐词对译的做法，并且要让学生明

白,英汉中很多词语都是没有对应词的,译员也无法使用两种语言已有的对等值进行准确口译,因此所有口译人员的精力多放在对原语内容的理解与译语语言的重新编码上,只有在非常偶然的情况下才会使用代码转译的方式。在教学中,要使学生明确,口译的最有效方法是寻找语言与意图的关联,通过对语境的理解与构建,帮助自己和听众理解讲话内容。

第三节　基于模因理论的口译教学

模因论是基于达尔文进化论观点来解释文化演变和传播规律的一种理论。"模因"一词最早是由道金斯(Dawkins)提出的,指文化传播的单位或模仿的单位,即在文化领域内,人们在不断模仿与复制中传播思想。

一、模因理论

海因莱特(Heylighten)指出一个模因成功被复制并传播出去需要经过图 5-2 中所示的四个阶段:

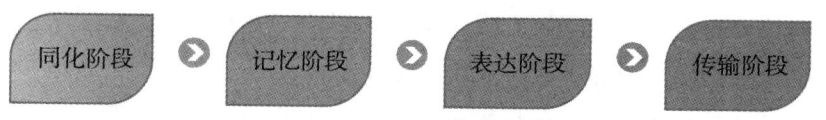

图 5-2　模因传播过程

一是同化阶段,新的个体接纳模因并理解记忆;二是记忆阶段,有效的模因在记忆中停留一定时间;三是表达阶段,模因持有者与其他人交流时,要能够从记忆中将模因提取出来,并通过文字、语言、动作、图片等形式重新表达出来;四是传输阶段,指模因通过不同的载体扩大传播范围,也就是复制的过程。何自然教授将模因理论引入我国,并提出语言模因论,他认为成功的模因具有复制的真实性、多产性与长久性的特征。

以模因理论为基础,语言文化交际中语言选择与使用的过程就是各种语言模因相互竞争的过程,那么翻译作为语言交际的一部分,也可以与模因理论结合。

最早将模因与翻译结合研究的是芬兰学者切斯特曼（Chesterman），他认为，翻译的研究可以看成是模因论的一个分支，从模因角度来看，翻译理论的发展就是翻译模因被不断复制传播的结果。一方面，语言模因在传播过程中会对前一时期的模因进行复制，另一方面，传播过程又会受到外部环境的影响，会有一定变化，前者可以理解为模因的基因型，后者可以理解为模因的表现型，二者结合将翻译中的归化和异化以一种新的方法阐释出来，可以大大提高翻译的效率与质量。

模因具有下面几个显著特征：

首先，模因依靠复制"生存"，当某个信息出现但未被复制或重复传播之前，它还算模因，只要它通过模仿被复制传播，就可以称为模因了。

其次，模因的本质是不变的，但是其形态可能发生变化，就像我们虽然看不到病毒，但一些症状的出现就是由病毒导致的，虽然我们无法指出模因是什么，但是当某种现象出现并得到传播时，我们可以认为是模因作用的结果。

再次，模因有正误利弊之分，正确的模因使我们的文化或某种精神得到继承传播，有害的模因也会被复制传播而导致一些不良后果，也有一些模因是中性的。此外，模因也有真实与虚假的，只要信息被传播，就是模因，但是信息的真假与是否被传播没有关联性。

最后，模因可以是单个模因，也可以是模因复合体，模因之间彼此支撑形成密切的模因集合就是模因复合体。在大脑中信息的自我复制与传播是模因的基因型，信息被赋予不同形式或内容得到复制传播，会产生模因的各种表现型。

二、模因理论对口译教学的启示

（一）模因视域下的口译发展

切斯特曼将有关翻译本身以及翻译理论的概念或观点统称为翻译模

因，如翻译的理论、规范、策略等，他指出，翻译为模因复制创造了条件，是模因的生存机器，大量模因在翻译过程中被复制传播。

口译是通过语言表达的方式，将一种语言转换为另一种语言，以实现语言和文化的传播和交流，口译的过程为原语信息接收、信息解码、理解记忆、信息编码与译语表达，这个动态过程与模因传播的过程十分相似，口译就是译员通过译语语言向听众复制传播原语中文化模因和语言模因的过程。在口译过程中，原语就是语言模因与文化模因，讲话者就是模因的宿主，译员是两种语言模因的宿主，并且是模因的复制者与传播者，听众理解译语，完成原语模因向译语模因的进化。

在口译过程中，模因的成功复制要经过如图5-3所示的四个阶段。

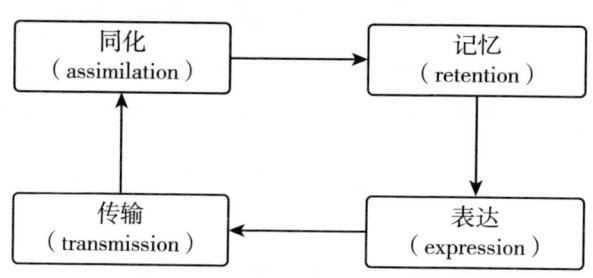

图5-3 模因口译四阶段过程图

首先是同化阶段，即译者要对听到的信息进行理解和接收，这样信息才能具备成为影响受体的有效模因的基础。其次是记忆阶段，模因必须在人的大脑中停留一段时间才可以进行复制传播，这个"停留"就是记忆与理解、转码的过程，通常来说，停留的时间越长，就越有机会使听众受到最大影响的同化。再次是表达阶段，即译员将信息表达给听众，模因就要从记忆模式转变为可被感知的语言或行为模式。最后是传播阶段，传播模式具有较强的稳定性，以保证传播的忠实度，之后再开始下一个周期。

（二）口译过程的模因策略

语言本身就是一种模因，口译的内容就是语言的转换，因此口译实际上是一种跨文化交际行为中的语言模因的复制与传播，在口译教学中，学生要先理解原语意思，再对原语进行语言的转换和充足，并根据译语特点进行复制，最后将译语输出，完成口译表达。这个过程与模因的四个过程类似，我们也可以说口译过程就是模因产生、同化、理解与表达的过程。

  何自然教授指出，语言模因的复制与传播分为模因基因型与模因表现型两种，模因基因型指模因在复制传播过程中，结果可能以相同的结构或逻辑形式出现，也可能以不同形式输出，但是最终表达的关键内容与原语是一致的。模因基因型又可以分为等值模因与等效模因，等值模因指语义等模因，包含字面意思与深层的隐含意义。口译过程的等值模因传播如图 5-4 所示。

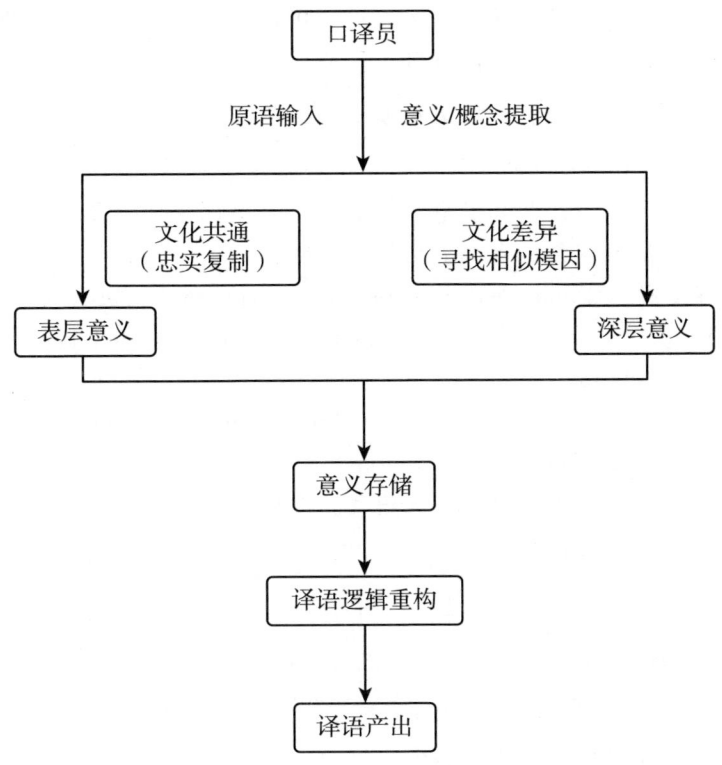

图 5-4 口译过程的等值模因传播策略

由图 5-4 中可知，在表层意义等值模因中，译员通过对原语表层结构的转换，忠实复制了原语中的核心模因，如果发言者、译者、听者在文化上有共通之处，则译者可以直接采用表层意义等指模因，因为在原语中可以容易地找到与听者文化相同的模因，语言的解码与传播就比较简单。但是，如果是一方所独有的文化，译者就需要根据听者的文化认知进行适当的处理。

语用语言等效模因的复制不拘泥于原语形式，只要使用意思一致或相近的词句将原语中的内容译出来，达到等效的目的即可。在交际语言等效模因中，译者要尽可能选择符合听者习惯的语言编码模式以真实传达讲话者的思想和意图，确保听者可以准确理解讲话者的意思。社交语用等效模因主要指社会文化层面上的等效传播，这就要求译者对口译中遇到的文化进行解码与编码。总之，译者要充分理解讲话者的语言与文化背景，也要考虑到听者的语言习惯与文化背景。

下面以两组翻译为例，分析模因基因型在口译过程中的应用：

> 汉：这一伟大胜利，开辟了中华民族伟大复兴的光明前景，开起了古老中国凤凰涅槃、浴火重生的新征程。
> 译：This great triumph opened up bright prospects for the great renewal of the Chinese nation and set our ancient country on a new journey after gaining rebirth.
> 英：Mr. President, your visit is a defining moment in this very special year for our bilateral relationship.
> 译：主席先生，对于英中两个双边关系非常特殊的一年来说，您的访问是一个决定性的时刻。

在第一组例子中，汉语发言时经常会出现各种成语，这也是非常具有中国特色的表达，"凤凰涅槃、浴火重生"在汉语中指凤凰经过烈火的考验，在大火中完成蜕变，获得新生，简单来说就是"重生"的意思。根据社交用语等效模因，在英语文化中并没有与之直接对应的语言模因，因此译员在口译时需要将成语的意思表达出来。

第二组例子选自 2015 年英国女王欢迎习近平主席访英的致辞。这句话的重点是说这次访问是决定性的时刻，英语将重点放在最前面，但是汉语习惯则是将核心内容放在最后，原语与译语虽然结构不同，但是意思与重点一致。根据基因型翻译策略，可以调整句子结构，将原语信息不加任何增删地完整表达出来。

总之，在口译过程中，译员作为语言模因的传播者，一方面要忠实地将原语中的意思与文化内涵进行准确表达，另一方面要确保听者能够正确理解译语，这样听者可以作为语言模因的新的传播者，再去"感染"其他听众。模因基因型策略对口译员来说，可以帮助译员灵活翻译，帮助译员在口译过程中准确传达讲话者的意思与意图，使交际的双方在交流中获得信息交际效果。

（三）模因理论下的口译教学

英语口译教学是在汉英两种语言之间进行语言模因传播与转换的过程，对口译学习者来说，在理解接受的同化阶段就要进行信息的转换，以实现语言转换。在口译教学中，教师也要有意识对学生进行引导，帮助学生在理解理论知识的基础上，对相关信息进行及时输出，从而实现双语的转换。

在口译教学中，要加强语言基本功的积累与训练，从模因角度来说，就是要不断训练口译中语言模因的复制与传播，即译员对信息的理解和表达，要求教师要具备扎实的双语语言基本功，并不断训练学生的口译效率，对语言基本的积累和训练也是成为一名合格口译员的必经之路。口译过程中需要译员不断进行词汇、句法、语篇的转换，要想做到熟练转换，就需要平时付出大量时间精力进行反复磨炼。

根据模因论口译过程，要提高口译过程中影子训练效果。口译过程可以视为模因的复制、传播过程，复制过程就需要学生有较强的记忆力与记忆技巧，因此口译中要加强影子跟读与复述训练，以此提高学生的记忆能力。记忆训练的方式有很多，如原语信息的模拟转换、新闻语言的记忆陈述等都是非常有效的方法，如果有条件最好提供口译现场模拟练习，可以令学生感受到口译的实际效果。

良好的口译训练不能没有口译场景，也就是我们常说的口译情景训练，在学生有了一定的语言基础并掌握必要的口译技能后，口译的情景训练可以不断加强学生的实践能力。如果只依靠训练方式，缺乏口译工作的针对性，如果不能将训练所得应用于口译情景，就失去了训练的意义。模因论所说的感染宿主指的是模仿后留下的记忆，这种记忆要通过信息的重新编码来表达，而且原语信息在具体场景中更能被有效输出。在训练过程中，口译的同传与交传等内容要交替进行，使学生感受更多的真实口译场景，也可以将情景训练与影子训练结合。

提高口译技能要加强跨文化交互训练。口译过程中的原语到译语的转换也可以看作文化因素的模仿和传播，口译训练一定要包含跨文化模拟训练。口译的信息转换是一种综合性、复杂的文化交际活动，词汇、语句、语音等都是文化因素的模因传播。口译的文化交互训练要侧重语言输出文化基因的模仿复制，达到输出的有效传播。要想成为一名合格的口译员，平时就要注重文化的模因训练，多收集文化因素。

译员只有对汉英两张语言文化背景十分熟悉，才能做出更好的语言复制与转换传播，从信息复制到信息理解，从语言转换与传播表达，模因论与口译的过程几乎一致，所以在教学中还要注重培养学生对译语的有效输出。

如果译员能够理解原语意思，也可以按照要求正确转换为译语表达出来，但是如果由于发音问题导致听者产生理解上的歧义，也有可能导致交际的失败。根据模因理论，模因有基因型与表现型，但是其本质是不会发生变化的，如果表达内容或信息理解出错，就改变了模因的本质，也就无法发挥传播的功能。因此，在口译教学中，语音语调也是十分重要的因素，教师要有意识地提醒学生多模仿地道的口语表达。

总而言之，模因理论在英语口译教学中的应用十分广泛，为教学带来了创新性的思路，通过对模因理论的认识与研究，教师要有目的、有计划地要求学生进行模因模仿练习，确保口译的实践效果。基于模因理论的口译教学对学生的口译能力与双语能力都有很大的促进作用，随着模因论在口译教学中的不断成熟，带来了很多新的训练方法与教学视角，口译教学也会得到整体的提升。

第四节　基于功能理论的口译教学

功能翻译理论的提出得益于交际理论、行为理论、话语语言学、语篇学说等一系列研究活动的发展，简单来说，功能理论应用于口译与口译教学中，强调"功能"与"目的"的实现，那么在实现过程中，译员可以采取多种可以帮助完成口译活动的策略方法。

一、功能理论

20世纪五六十年代，学术界对翻译的研究主要是基于语言学，特别是结构语言学，翻译被看作编码、再编码的过程。70年代，德国功能翻译理论开始兴起，诺德（Nord）将功能主义解释为"功能或者文本和翻译的功能的研究"，他与其他功能派学者将翻译定义为一种有目的的行为，目的论是功能派理论中最重要的理论。根据目的论，翻译要遵循的首要法则就是目的法则，翻译行为所要达到的目的决定整个翻译行为的过程，简单来说，就是结果决定方法。

功能翻译理论的提出得益于交际理论、行为理论、话语语言学、语篇学说等一系列研究活动的发展，它的出现反映了翻译的研究转向，即由侧重形式、关注等值的语言学的翻译理论，转向更加注重功能和社会文化因素的翻译观；此外，功能理论将原来以原语为中心的翻译理论转向以译语为中心的翻译理论。

功能派认为翻译是一种行为，强调语言转换过程中的某一具体翻译目的及相应的翻译策略、翻译方法。不同的翻译目的对应不同的翻译方法，为达到某种目的可以综合使用多种翻译方法，这样就不必争论直译与意译孰优孰劣，只要可以达到既定目的，每种方法都可以使用，只要做到翻译过程的有效信息转换即可。

在功能理论成为主流之前，德国翻译界的主导学派是以对等论为基础的语言学派，语言学派更加关注原语，认为原语特征要在译语中得以保留。功能学派则摆脱了对等论的约束，不再将翻译视为一种静态的现象，而是将翻译放在行为理论与跨文化交际理论的框架中，为翻译的研究开辟了新的途径。功能翻译理论的发展经历了如图5-5所示的四个阶段。

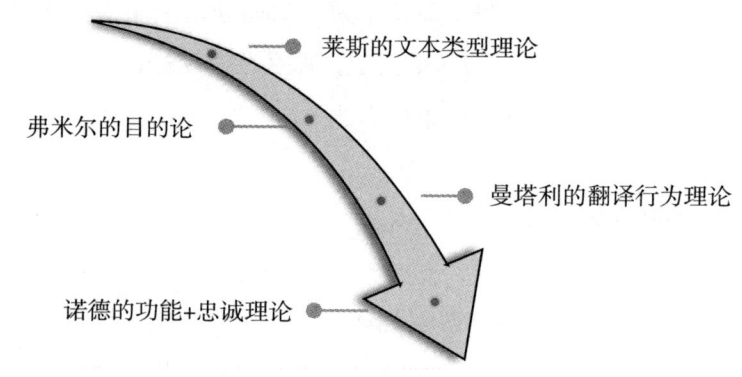

图5-5 功能翻译理论的发展阶段

莱斯（Reiss）在《翻译批评的可能性与限制》一书中提出将文本功能作为翻译批评的标准之一，即评价译文时要考虑原文、译文在功能上的关系。她认为，理想的翻译是目标语文本在思想内容、语言形式及交际功能等方面实现对等，并在此基础上建立了翻译批评模式。

弗米尔（Vermeer）提出的目的论是功能派翻译理论中最重要的理论。目的论的核心内容是：整体翻译行为的目的是决定翻译过程的最主要因素。莱斯和弗米尔都认为翻译是一种转换的行为，而任何行为都会有目的，因此，目的法则是翻译的首要法则。结合口译的特点，译员就可以根据翻译的交际目的、听众需求等采取相应的口译策略与口译方法。除目的法则外，目的论学者还提出了连贯法则与忠实法则，如图5-6所示，这三个法则与"准、顺、快""信、达、雅"等翻译标准不谋而合。

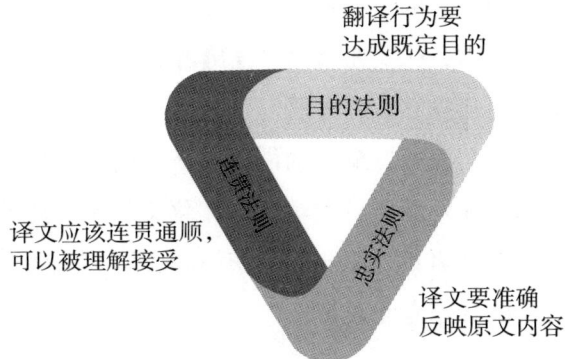

图 5-6　目的论下翻译三大法则

曼塔利（Mantari）指出，翻译不仅是语言的转换过程，还是一种跨文化行为，她强调翻译行为的参与者不仅包括发起者，还包括译文使用者、信息接收者。另外，翻译活动的时间、地点、媒介等外部因素也影响着交际目的的达成。曼塔利在目的论的基础上，提出了翻译行为理论，进一步深化了功能翻译理论。曼塔利将翻译定义为一种为实现某一特定目的而进行的复杂行为，她非常重视分析翻译行为的参与者与环境条件，她认为，所有的行为参与者与所有外部环境都会影响翻译的目的，并在翻译过程中起到一定作用。

诺德在功能翻译基础上，引入了忠实原则，提出"功能加忠诚"理论，"功能"指译文在译语环境中达到预想的交际目的，"忠诚"指译者应同时对原文和译文环境负责，并对原文信息发送者和译文信息接收者负责。诺德首次使用英文全面系统地阐述了功能派的各种学术思想，解释了复杂的学术理论与术语。

诺德指出，虽然目的论在翻译过程中展示了很大的优势，但是目的至上原则会导致译员为达到目的而失去了原文翻译的准确度，因此，他将忠诚加入功能理论。需要明确的是，"忠诚"不同于"忠实"，"忠实"是文本之间的关系，"忠诚"是人际层面的，即人与人之间的社会关系达到忠诚，在翻译中就是译员、信息发出者、信息接收者之间的关系要做到忠诚。忠诚原则可以理解为，在翻译活动特别是口译活动中，译员对其他翻译活动参与者要承担一定的道德责任。"功能加忠诚"理论强调译员既要考虑信息发出者的要求，又要兼顾信息发出者的目的。

功能理论的提出与确立为翻译研究带来了深远影响。功能翻译理论拓宽了翻译研究的领域与深度，赋予翻译很多新的内涵，将非语言因素纳入理论研究的对象中，并将翻译研究纳入跨文化交际中。此外，功能翻译理论的提出大大提高了译者的地位，译者不再只是简单的"中间人"的角色，而是训练有素的翻译专业人员。

二、功能理论对口译教学的启示

（一）功能理论下的口译研究

口译是翻译活动的一种实践形式，其最终目的是保证使用不同语言的人们之间顺利完成交际活动，因此，口译的重点应该是原语和译语在意义上的对等，并非语言形式上的对应，从这一点来看，口译的行为与功能翻译理论的观点是吻合的。随着口译工作的需求增多，许多学者开始将功能理论与实践性更强的口译活动结合研究。根据功能目的论，译员要根据交际的目的，充分意识到自己在口译中起到的交际作用与文化传输作用，增强跨文化意识，考虑译语听众的期待与需求，灵活运用各种口译策略，达成目的。

口译是人类在跨文化、跨民族交往活动中所依赖的一种语言交际工具，译员要综合运用百科知识与口译技能，进行即时、现场、现实的翻译操作。结合口译的特点，口译的交际能力包含知识能力、口译技能与心理能力，其中知识技能不仅包括两种语言及语言文化，还包括"杂家"的知识素养与行业知识，心理能力包括克服心理障碍的能力与临场发挥的能力。

基于目的理论，口译的交际过程如图 5-7 所示。在目的论中，忠实法则与连贯法则都从属于目的法则，忠实法则又从属于连贯法则，如果口译的目的发生变化，对原语的功能提出减少或增加的要求，则忠实法则就不再生效。

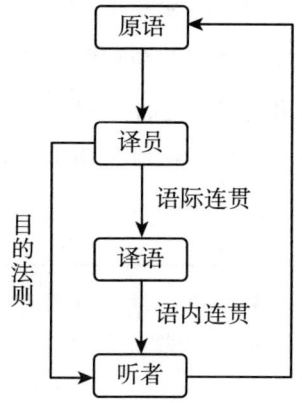

图 5-7 基于目的法则的口译交际过程

如"这五年,各项社会事业加快发展,人民生活明显改善"这句话可译为"Progress is all social programs accelerated and people's lives improved significantly."。在这个例子中,译员明显没有翻译时间状语,这主要是由于口译的即时性特征决定了译员可以省略一些不影响译语接收的次要因素。这一口译过程就体现了功能目的论中的目的性法则与口译的口语性特征。

与笔译相比,口译是人际交往过程中传播信息的媒介,传递信息的目的性更强,使译语听众可以快速理解讲话者的意思,所以目的论在口译研究中可以得到更广泛的应用。

(二) 功能目的论决定口译策略

口译是一种有目的的交际活动,根据功能目的论,在口译中可以采用断句整合、无主语补充、补充解释、逻辑推理等口译策略,下面以几组口译实例分别说明功能目的论在口译实践中的作用:

> 汉:说白了,就是市场能办到的,多放给市场。社会可以做好的,就交给社会。政府管住、管好它应该管的事。
>
> 译:Put simply, we need to leave to the market and society what they can do well, and on the part of the government, we need to manage well those matters that for within our purview.

通过对比上面这组原语与译语会发现，译员在口译时并不是逐字逐句对应翻译的，原语中用了几个并列的小短句，译语通过一个复合句表达出来，体现出译员的深厚双语功底，这样翻译既准确传达了原语的意思，也十分符合英语的语言习惯，译员就达成了协调发言者与听众的目的。再来看下面这组举例：

> 汉：把努力实现人民对未来生活的期盼作为神圣使命，以对法律的敬畏、对人民的敬重、敢于担当、勇于作为的政府，去造福全体人民，建设强盛国家。
> 译：We will take as our sacred mission the people's aspirations for a better life. We will revere laws, respect the people, take on our responsibilities and have the courage to get things done, so as to benefit the whole nation and build a strong and prosperous country.

这组例子的原语中出现了汉语中十分常见的无主语现象，但是英语的句子结构十分严谨，没有主语就容易造成曲解，所以，在汉译英时，译员增加了主语 we 将原语译为两个完整的句子，既忠实原语，又实现了翻译的目的。反之，如果采取直译的方法，听众就会不明白到底是谁来执行这些事情，这样讲话者的目的就无法被有效转换，举例如下：

> 汉：公正是社会创造活力的源泉，也是提高人民满意度的一杆秤，政府理应是社会公正的守护者。
> 译：Fairness is a source of society creativity and yardstick for improving the people's satisfaction with the work of the government. The government should be the guardian of social fairness.

这组口译中，译员明显用了简化处理的方法，并根据原语的表面形式翻译，比如将"满意度"译为 satisfaction with the work of the government，而且省略了"一杆秤"的对应翻译，将其意思融合在整个语句中，简单明了，便于听众理解。

总而言之，在现场口译时，译员要多考虑一些词句在具体语境中的目的和功能，尽可能准确译出原语的意思。要求译员在了解双语文化的前提下，结合功能目的论，运用相应的口译策略完成口译任务。

（三）功能理论下的口译教学

口译具有鲜明的交际性，注重思维的逻辑性、灵活性与形象性，口译教学的理念、模式等也要根据口译本身的特点确定，教学活动的组织也要围绕口译特点，口译教学要在学生已具备一定语言功底的基础上，培养其口译思维，帮助学生掌握双语思维的转换与交流技能。此外，口译教学要注重培养学生的跨文化交际意识，帮助学生获取知识提高能力。将功能理论的主张引入口译教学可以更好地帮助教学活动的开展与学生综合能力的培养。

1. 功能理论对口译教学提供了新的评估标准

在口译实践与口译教学中，如果沿用笔译的评估标准，显然是不现实也不科学的，功能理论可以为口译的质量评估提供新的研究角度。从功能派理论来理解，口译的目的侧重点如果不同，对结果质量的评判标准就要有所区别。

在口译过程中，译员遇到的工作内容是五花八门的。单一的标准无法满足所有口译评价，而以目的决定整个口译过程更有利于交际的顺利进行，而且口译比笔译更直接承担起交流的任务，信息的及时传递、交流的顺利进行应该是口译的首要任务，译员要做到在有限的时间里，根据目的有选择地提取符合交际功能的信息，这样不仅可以使交际顺利进行，也不会忽略忠实法则与连贯法则。

翻译是不可能完美的，其本身就是一项遗憾的艺术，在口译中则更是如此，因此，只要口译达到了双方交际的目的与其他要求，就可以视为合格的口译。在口译教学中，教师也要转变观念，注重培养学生在不同情境中的口译能力，并提高学生的交际能力与跨文化交际意识。

2. 功能目的理论应用于口译教学

功能理论将翻译纳入跨文化交际范畴，大大拓宽了翻译研究的视角。口译中除了言语之外，身体动作、神情语态、周围环境等非语言因素也可以帮助译员理解讲话者的意图。将功能理论应用于口译教学活动中，要找准切入点与研究角度，以更高效地指导教学的进行。

首先，教师在口译训练中，要指导学生明确译语接收者的特点、要求、目的等，接收者对译员来说具有十分重要的意义，是影响口译的关键性因素，接收者是口译要求的一部分，口译要求指导整个口译过程。明确口译的接收者有利于译员恰当选择口译风格、表达方式甚至信息的取舍，反之，译员是否正确把握了接收者的特点与要求并以此为依据选择合适的表达方式，可以是衡量口译的一个重要标准。

其次，口译的忠实性法则在口译中从属于目的法则，比如在特殊情况下，交际双方就某个问题产生激烈争执，继续争执显然不是交际的目的，更不是口译的目的，这时口译员就可以进行适当的处理以缓和场面，如果此时还追求忠实性法则，交际很可能就此中断。因此，在教学中要明确告知学生，口译中由目的决定所采用的方法、策略、标准等，口译的性质是要对大量信息进行快速判断处理，迅速找到最佳的双语转换形式与表达方法。教学过程中，教师可以针对案例或学生的实践，进行功能理论的研究分析，帮助学生感受并理解目的法则在口译交际中的主导作用。

3. 功能理论中的跨文化意识在口译教学中的应用

功能理论强调口译交际功能的实现，对于跨文化的内容主张采用意译法与阐释法进行翻译，甚至在这种具有特殊文化背景的语句不是重要信息且很难翻译时，直接略过也是可取的，交流的顺利进行是占据主要地位的，文化信息的传达则是较次要的。

译员在口译过程中不是"隐形人"，也不是"传声筒"，而是交际的参与者之一，要具备一定的主观能动性，与交谈的双方共同影响交际活动的发展，当双方由于文化不同产生交际困难时，译员要调动自己的跨文化意识进行合理的翻译与适当的干预[①]。比如，中国人受到传统文化与历史沿革等影响，在讲话时会客气、自谦，如"不成敬意""过奖""承让"等，如果译员直接按照字面意思翻译，英语表达就会显得不够真诚。

---

① 吉灵娟. 功能翻译理论对翻译专业口译教学的启示［J］. 湖南科技学院学报，2007（11）：173-175.

在口译教学中，教师要引导学生理解不同国家的文化背景知识，包括历史观、世界观、思维方式、自然环境、道德标准、生活方式、风俗习惯等，注重培养学生的跨文化意识，有助于在口译实践中理解交际双方的真正意图，做出合理的口译。

4. 功能理论强调语言转换在口译中的主导地位

按照功能派的观点，翻译是语言符号与非语言符号的转换，口译与笔译都可以起到这种转换的作用，但是他们各自的功能与特点还是有所区别的。笔译特别是文学翻译，除了转述信息的基本功能之外，还承担着介绍与传播文化的功能，笔译具有长期与短期、直接与间接共存并且可以保存的特点；口译则具有更明显的短期性与直接性，其口头形式难以保存，因此口译的主要目的是交际，完成短暂的语言转换是口译活动的主要内容，通常难以承担传播文化信息的功能或成为文化研究的范本。

如果将口译的标准定位语言与文化的双重功效，是不太现实的，也不符合口译的功能目的。在口译教学中，要使学生认识到不同语言文化的相互碰撞、相互影响是难免的，口译的主要内容是做到语言转换，达成双方的交际目的即可。

第六章

口译自主学习

第一节 口译自主学习理论

口译技能的获得是需要大量自主训练和实践的，但是将这些训练实践完全寄希望于课堂显然是不可能的，如果不积极进行课余的自主训练，是无法习得口译技能的。首先，口译学习者必须要投入大量的时间和精力进行主动练习，才有可能真正掌握口译技巧。其次，口译课堂的教学并不一定适用于所有学生，特别是当许多人共同上课，教师无法给到每位学生同样的关注，而且学生水平参差不齐，就尤其需要学生自己在课后进行自主学习。因此，对口译自主学习的研究很有必要。

一、自主学习理论溯源

麦克库姆斯（McCombs）曾指出，自主学习者有一个自我系统，由静态结构与动态过程两部分组成，静态结构包括自我概念、自我意象、自我价值等影响个体学习动机的因素，动态过程包括自我评价、自我监管等影响个体学习控制与强化的因素。自主学习者的进步取决于二者发展的合力，学习者自主学习能力的提高需要自我过程的系统训练与自我监管的积极认识。那么在口译学习中，一方面与外界不断进行动态反应系统训练，另一方面进行自我评价与调节，不断更新对自我概念、自我价值的认识，从而推动口译技能自我系统的进一步发展。

美国自主学习社会认知学派齐默曼（Zimmerman）认为，自主学习取决于自我、行为、环境三者之间的相互作用。学习者不仅要主动控制并调节学习过程，还要主动监控并调节学习的外在表现与学习环境，在自主学习的过程中，个体要不断监控、调整自己的认知和感情状态，运用各种策略调整学习行为、营造学习环境、利用学习资源。比如，口译学习者通过电脑进行自主训练时，处于学习者个体、自主训练行为、电脑支持的训练环境与资源三者的交互作用之中，也就是学习者利用这个环境中的自主学习资源，进行自主训练与自我评价，从而推进学习的进步。

霍莱克（Holec）将自主学习能力定义为"可以负责自己学习的能力"，并最早将其与外语教学结合。之后，很多学者纷纷开始从不同角度研究自主学习，并展开广泛理论探讨和实证研究，比如我国就有"国内外自主学习研究状况的综述与梳理""中国学生外语自主学习能力的调查研究""培养学生自主学习能力的实验研究"等。

随着对自主学习研究的不断深入，人们也意识到，自主学习兼具个体性与社会性的特征。一方面，自主学习能力与个体的自控、自省、主动性、创造性、理解能力等个体特征紧密相关；另一方面，自主学习并不是孤立学习，还具有鲜明的社会特征。特别对于口译的自主学习，语言的交际性与互动性只靠个体学习是无法体现的，口译的自主学习不但需要个体的反思与探索，还需要外界提供互动交流、彼此协同的积极环境。

口译自主学习环境多是基于网络的在线环境，这个环境提供了学习工具、拓展了学习资源，为学习者的自主训练与评价反馈提供了良好的条件。教师或自主学习者可以通过创设环境，设置学习任务与学习资源，并作用于学习支持和管理工具，对学习者的训练进行管理和评价，并给予科学指导，帮助学习者提高口译技能，促进个体发展、提高口译技能自主学习系统。

二、口译自主学习原则

口译自主学习不是独立学习，更不是无目的、无方法的自学，要想在自主学习中取得好的结果，学习者需要遵循如图6-1所示的几项原则。

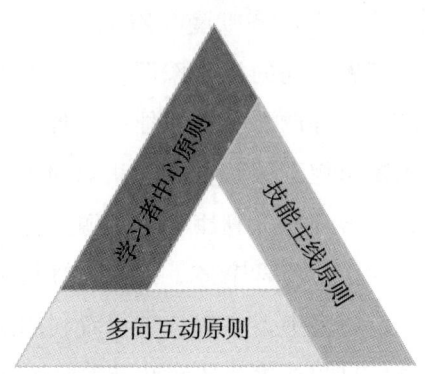

图6-1　口译自主学习原则

口译自主学习的首要原则就是以学习者为中心，即根据学习者的个体特征进行因材施教，有针对性设计口译的学习训练，通过对学习者的短板进行改良，完善学习者知识与行为的意义构建。其次，自主学习过程中要坚持技能为主线的原则，口译是技能型习得，因此所有学习与训练都要以获得技能为主，训练活动的设计要围绕听辨、记忆、心理素质等综合能力展开。最后，口译的自主学习也要遵循多向互动原则，不能将自主学习理解为单独学习，师生之间、同学之间、理论与实践之间，都需要进行互动，才能促进口译技能的提升。

霍莱克与我国学者徐锦芬等先后提出，自主学习应该涵盖以下内容：了解教学目的与要求、确立学习目标并制订学习计划、有效使用学习策略、监控学习策略使用情况、监控并评估口译自主学习过程，这些主张得到了国内多数研究者的认同。

三、口译自主学习策略

自主学习是口译技能习得过程中必不可少的环节，如何培养学习主题的口译自主学习能力，可以从认知型与非认知型两个方面入手，培养自主学习的能力。

（一）非认知型策略

非认知型自主学习能力主要包括学生对自己的学习态度、学习兴趣、学习动机、学习水平、情绪状态等非认知因素进行监控与调节的能力。要想通过自主学习取得预期效果，除了学习者本人的努力之外，还需要教师等外在因素的合作与协调，只有多方合力，才能使学习者进入自主学习的最佳状态。

首先，要改变口译课程的评价手段，创设宽松自由的学习环境。目前学校内的评价多以考试成绩为标准，但这绝不是唯一的手段，学生的口译能力与教师的教学水平不能由一场考试额定，课堂的参与度、练习的完成情况、口译训练中的表现及在口译实践中的应变能力等，都反映了学生的口译能力。设置多元的评价手段，可以创建良好的口译学习环境，并帮助学生更有效调整学习策略，获得口译技能进步。

其次，要改变口译教学观念，建立学生自主学习的教学目标。在教学中，教师的作用是引导而非主导，口译教学应以"学"和"练"为主，"教"为辅。课堂教学目的在于促进学生的口译学习，并鼓励学生进行自主学习，使口译学习成为一项自主、高效的活动。

最后，要增强学生对口译学习的主体意识，培养其自主学习积极性与自主学习能力。口译课重点是教授口译策略与口译技能，但是只有这些技能是不够的，语言学习、词汇积累、知识拓展与技能习得都依赖于学习者的自主学习。在课堂上要使学生明白，课堂所授只是口译的冰山一角，要想获得口译技能，成为合格的口译员，必须要经过学习者的积极自主学习与实践。

（二）认知型策略

认知型策略指学习主体确定学习目标、制订学习计划、监控学习过程、评价学习结果并进行自我反省与总结。

1. 口译自主学习目标与学习计划

自主学习能否取得成功很大程度上取决于学习主体是否能够严格执行

学习计划。在口译教学中，教师要向学生说明口译课程的目标、进度、要求，便于学生据此做出切实可行的口译自主学习计划。或者，教师可以在课程一开始就组织摸底考试，以了解并帮助学生明确问题所在，通过对这些问题的分析，根据学生的具体需求，提出相应对策，引导学生制定自主学习的目标和计划；一段时间后，可以再次进行测验，重新调整计划，如此反复，直至习得结束。

2. 口译学习策略

口译学习策略是指"在学习过程中影响学习者编码过程的行为与思维"，引导口译自主学习方向，制定口译自主学习方案，并最终决定口译自主学习的效果。根据口译工作要求，可以归纳几点口译学习的策略。

首先，要充分利用音频、视频资源，一方面练习英语口语表达，另一方面熟悉各种不同的语音语调，有助于学习者听辨能力的提升。

其次，在词汇积累方面，平时的词汇积累可以采取多种方式，口译前的短期词汇准备，特别是专业术语的记忆则需要更加恰当的学习策略。对于术语的记忆，可以采取图式联想记忆、语境化综合记忆、语义记忆等策略。图式联想记忆指将词汇进行图式网状连接，促成新旧知识形成整体的记忆网络，实现由此及彼、由浅入深的记忆。语境化综合记忆，指将多渠道的信息进行整合，再将主题、专业、背景等融入语境，有选择地识记各种有效信息。语义记忆，指利用长时记忆激活与新信息相关的已有知识，用于对新信息的编码、组合与强记。总之，正确运用译前记忆策略不仅可以帮助译员快速记忆新词汇，还可以有效了解口译主要内容及知识逻辑。

再次，自主学习中要注重内容分析能力的提升，积极的听辨分析是口译训练中不容忽视的环节。在听的过程中，要做到以下几点：第一，要集中精力听懂每一个单词或音节，在口译活动中的高度集中是需要训练才能做到的，积极地听有助于精力集中；第二，练习文本分析能力，这项训练可以与其他口译活动分离，目的是练习学习者的逻辑分析能力，从而帮助学生实现大脑分析的自动化；第三，听的过程要注重听取主题和信息，将听到的内容做思想总结与要点归纳；第四，大胆对未听到的内容进行预测，如果听者关注了讲话的整体信息，就可以对下文做出合理预测，这有利于译员在口译活动中为自己争取更多思考时间，也有利于交际更加流畅；第五，善用笔记，笔记如何记录在下一章会详细提到，笔记口译帮助译员回忆讲话内容，对笔记的自主训练是口译技能习得的重要环节。

最后，自主学习中要践行"影子"策略，影子跟读是口译学习者甚至职业口译员都要经常练习的。根据神经语言学的研究，在同声传译中，有80%左右的精力用于跟读的神经语言处理，跟读对学习者纠正和完善口音、内容分析、译语表达等方面都有积极的促进作用。"影子"训练通常要遵循以下几个原则：渐进、周密、严谨、经常、定期、长期进行，多主体（如本人、教师、同学同事等）评估，结合其他口译技能进行同步训练。

第二节　口译自主学习模式

一、自主学习模式特点

口译自主学习的原则决定了口译自主学习模式的特点，如图6-2所示。

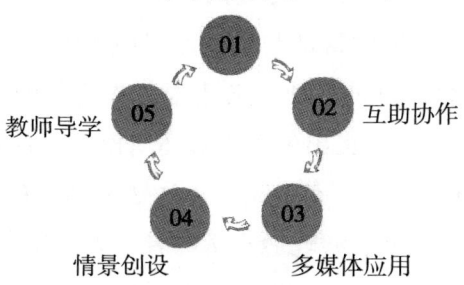

图6-2　自主学习模式特点

第一，自主学习模式的中心是学习者本人，重点是学习者个体的主体作用。在自主学习过程中，学习者个体是语言、知识、文化、技能等方面的主动执行者、意义建构者，并且是创新思维的开拓者，学习者受到大量资源的刺激，具备自主学习的积极性与主动性。

第二，自主学习也需要互动、互助，学习者与教师或其他同学进行多向写作，有利于习得更有价值的知识技能。此外，学习者还可以充分利用网络资源，全面搜集、构建口译学习资源库。

第三，口译通过多种媒体形式（如文字、音频、视频等）推进跨文化交际，因此口译学习中借助多媒体，可以创设更具实用性与创新性的口译写作学习环境，利用现代信息技术与多媒体学习手段进行自主学习和探究，实现口译得的目标。

第四，口译自主学习也需要情景模拟练习，口译的习得离不开口译实践。通过预演不同的口译场景与专业领域，积累相关百科知识，提高口译技能与心理能力。这一点是很多自主学习者容易忽略的，因此，自主学习者也要多了解自主学习策略，从而提高学习能力与效率。

第五，在自主学习过程中，也需要教师的适当参与，这样可以更好地保证自主学习的有效性，避免走太多弯路，教师适度、及时的引导是非常重要的。

二、口译自主学习运作模式

建构主义学习理论认为，学习者的知识是在一定的社会文化背景下，通过教师、学习伙伴等人的帮助与协助，利用文本、音像、多媒体课件、网络资源等学习资料，通过多种意义建构方式获得的。基于建构学习理论，乔纳森（Jonathan）曾提出一个学习环境模型（简称CLEs），这个模型包含设计问题、相关实例、信息资源、认知工具、会话与协作工具、社会背景支持等方面，这个模型较适合学习者个人或协作知识建构。此外，乔纳森提出建构主义学习环境创设的原则：构造仿真世界环境，运用与学习相关的情境；教师是学习教练与策略分析者；教学目标应该是协商得到而不是强加而来；评估应该成为自我分析的工具；学习活动要由学生主体进行控制和协调等。

口译自主学习者在学习之前要对自身特点进行客观分析，设定合理的学习目标，制定切实可行的学习计划，以实现高效自主学习。口译自主学习的具体操作可以参考如图6-3所示的几种模式。

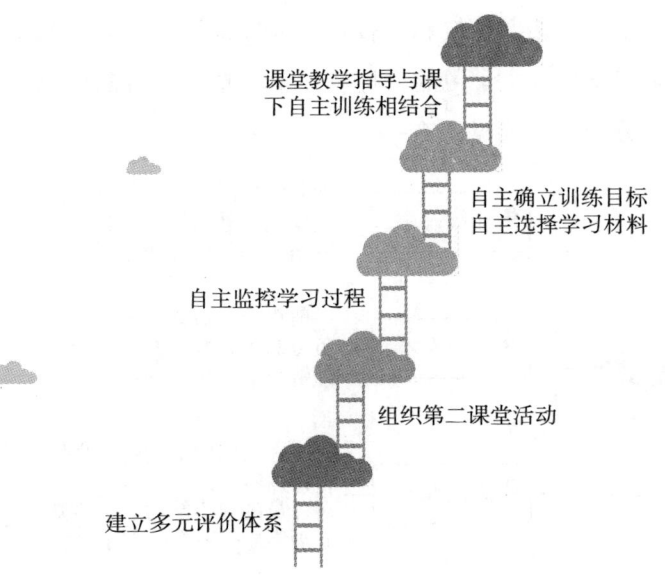

图 6-3　自主学习模式

第一，课堂教学指导与课下自主训练相结合，发挥教师的指导作用和学生的主体作用。在口译的自主学习过程中，也不能忽略教师的指导与示范作用。教师要在课堂上介绍口译的相关概念、口译的分类、口译的发展、口译的技能等知识，并且给学生展示国内外口译和口译教学的现状与先进经验，帮助学生确立自主学习的目标，指导学生自主学习的过程。学生在课下要积极主动进行口译的学习，将课上学到的基本技巧内化为自己的基本技能，多拓宽口译实践的专题领域。现在一些学校的外语院系都建有自主学习中心，教师可以将学生自主学习所需的材料传入中心服务器，学生在课后就可以进行自主学习与训练。这样课上课下结合，将技能知识与口译实践结合，才是口译习得的最佳途径。

第二，学生要自主确立训练目标，自主选择学习材料。口译的学习不是盲目的，只有确立了自主学习的目标，学习才有可能成为一种自立、自主、高效的活动①。学生的口译学习动机与学习目标因人而异，教师要积

---

① 王绍祥. 口译自主学习研究 [A] //清华大学翻译与跨学科研究中心. 国际译联第四届亚洲翻译家论坛论文集 [C]. 清华大学翻译与跨学科研究中心：清华大学翻译与跨学科研究中心，2005：415-420.

极引导并给予学生自足选择的权利,教师可以根据学生的双语基础、知识结构与市场需求对学生自主学习的目标确立给予指导。目前市场上对口译人才的需求可以分为三种(见图6-4)。

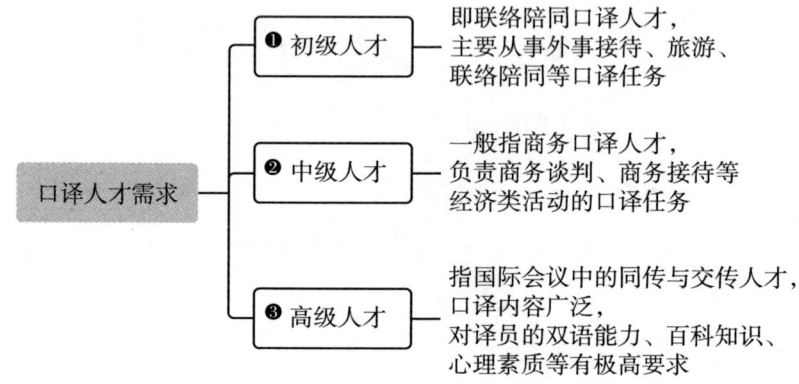

图6-4 口译人才需求

不同层次的口译人才需求对学生的双语知识、百科知识、语言能力及教师教学提出了不同的要求,教师要根据诸多因素帮助学生确定口译自主学习的目标,提供或推荐相应的口译学习材料。学生则要根据自己的语言基础、智力水平等确定合理的目标,选择合适的学习材料,最好可以选择口译活动现场的音像、影像资料,这对学生正确认识口译工作、促进口译自主学习有很大帮助。

第三,学生在自主学习时要自主选择训练模式,并自主监控学习过程。口译的技能训练包括听辨、记忆、笔记、表达、语言转换等环节,不同学生会有不同的训练方法,同一个学生在口译的不同环节中,也会体现出不同的优缺点。比如有的学生记忆力较好,那么记忆部分的训练就可以适当弱化,如果记忆力欠佳,则适当强化。在训练时采用的方法也要根据自己的喜好或专长来选择,而不是千篇一律的模式。教师可以为学生介绍各种训练模式或训练方法的特点及适用范围,学生选择最适合自己的一种或几种进行自主学习。

另外,学生的自主学习过程也要包括自主监控,比如对训练加护的可行性、训练策略的有效性、口译能力的提高等方面进行监测,学生要定期检查学习目标的完成情况，如果提前完成或未能按时完成，反思目标的合理性，并自我评价学习的努力程度，及时对学习目标、学习计划进行调整。

第四，教师或学生可以组织形式多样的口译第二课堂活动，以激发学生的学习热情，增强自主学习的趣味性。比如教师可以组织不同类型、不同层次的口译竞赛，如外语演讲、口译记忆等口译技能比赛，也可以组织接待口译、旅游口译、外贸口译等专题口译竞赛，或者视译、交替口译、同声传译等不同类型的口译竞赛。此外，教师可以搜集一些国际会议的口译实况录像或记者招待会的口译实况录像等，上传到口译自主学习中心或组织学生集体观看。这些课余活动都可以激发学生口译自主学习的积极性，促进学生之间的学习心得交流，帮助学生检验口译学习成果，更好地进行下一阶段的口译自主学习。

第五，建立多元评价体系，发挥学生自主评价作用。口译人才的培养要改变传统的学期末终结式的评价方法，要将评价的目光转向学生学习的每个阶段，比如训练的参与度、阶段目标是否完成、学习过程中的优势与不足等。这种评价可以由学生个人完成，也可以是同伴互评，还可以继续发挥教师评价的作用。口译学习评价要充分发挥学生参与的主动性，学生要对自己的语言基本功、口译学习潜能等方面有合理评估，才能更好地确立自主学习目标、选取训练策略。学生要阶段性地对口译自主学习情况做出评价，反思学习过程，对学习目标、学习计划做出合理调整。

第三节　口译自主学习实践

一、个人自主学习

（一）个人自主学习特点与实践

个人自主学习，具有时间灵活、操作简便的特点，是口译自主学习实践的首选形式，特别是现在的口译学习者都可以通过互联网获得丰富的学习资源，不仅可以练习口译技能，还可以将自己的练习进行录音或录像，便于后期评估反思，进行针对性学习与提高。

个人自主学习可以根据自身情况，设计较多切实可行的练习形式，避免个人学习的单调性，这些特点与口译技能习得对碎片时间、习得时段高频率的要求相符合。在口译的习得过程中，每天的训练是很重要的，而且训练要保证长期、集中进行。

口译的个人自主学习具体实践操作可以从以下几个建议入手。

首先，每天要脱离视频辅助地听不同类型的英语语篇，时长不低于一小时，在听的过程中，训练学习者的脑、耳习惯英语的语言节奏，并且要打磨积极听辨的技能，使自己能够快速理解内容意思。此外也要将精听与泛听结合，精听可以扩大词汇量，提升听辨能力，泛听时可以只将部分精力用于听辨，训练大脑多任务处理能力。

其次，每天要进行视译训练，若训练语言是汉语，一目扫过，每句提取五六个关键信息，并经过大脑加工进行译语输出；若训练语言为英语，可以以同样的速度扫视，提取三个左右关键信息。这种训练不限文本类型，可以随时随地进行，有益于改善思维敏捷度与口译习得的宽度和深度。

最后，自主学习中的语料应该是发言者的真实讲话记录，口译的练习过程要录音以供自查，也要经常向教师、同学或专业译员进行请教，并请他们对自己的练习进行评估。

（二）移动学习在个人自主学习实践中的作用

移动学习指学生或教师利用接入互联网的移动设备进行学习的形式，个人自主学习的主要形式是基于互联网创设的优质教育环境，其中手机、笔记本电脑等移动电子设备的功能越来越多，移动设备成为教学中利用率极高的新工具，极大方便了学生的自主学习，并且在学习中结合现代方式与技术，使学习过程更富趣味性和交互性，提高自主学习的便捷度与灵活性。

移动学习的优势可以总结为以下几点：可以随时随地获取学习资源并

进行学习、支持远程教学、有利于即时训练与课后回顾、有助于非本专业学习者学习专业知识、支持根据不同需求进行个性化学习、扩展师生间的互动、减少学校教学与学生的文化及沟通障碍。

基于移动学习的口译自主习得过程应该是这样的：确定学习目标，将练习材料进行清晰分门别类，根据目标，由易到难渐次习得，同时在学习过程中辅以多次评估检验，在达成阶段性目标后，得到进步奖励，再设置下一个目标继续进行自主学习。事实上，很多译员培训学校一直十分热衷这种"目标中心法"，他们将交传与同传培训分解为一系列具体技能，训练学生分阶段逐步习得。

移动学习不仅是通过屏幕获得知识，还可以让学习者感受到师生互动，实现口译学习的最佳效果。学习者和教育者都要积极迎接新的学习与训练方式，通过合适且便捷的系统，师生可以进行互动，促进教学系统更好运行。当然，并不是说移动学习可以取代传统课堂，而是为教学过程提供传统课堂、传统技术之外的支持。

二、协作自主学习

（一）协作自主学习优势

口译自主学习的另一种形式就是协作式学习，即学生通过组织分工，共同达到学习目标，通过学生个体努力和成员之间的协作，完成并实施监督评估教师或自我设定的学习目标。这种组织形式强调自主、合作与探究的学习方式，关注自主学习与自主发展，实现教师主导到学生主体的转型。

在教学过程中，教师可以结合口译教学的特点，鼓励并推进协作式自主学习，组织并引导不同形式、不同层次的活动，结合现代社交媒体的实时通信功能，帮助学生在相互交流的协作学习中，逐步掌握并巩固口译技能。

经常定期进行写作自主学习训练可以帮助学习者充分发挥想象力与双

语思维，当学习难度较大时，小组互助式学习要比独立学习更可行。小组协作训练要求每个成员轮流进行口译实践并互相评估与提出建议，有利于小组成员增强口译实践信息、磨炼口译所需语言能力与交流技能。

口译自主学习过程中，有利于自我提高的最简单的方法就是倾听、评估同伴的口译表现，在听的过程中，不必口译，只要根据评估标准进行判断即可，如口译表达是否良好、主要内容是否准确、语句选用是否得体等，在一开始只需关注一两个标准即可。而且评估也不要流于表面的语句错误或精准度，要更关注听辨、归纳、理解等深层问题。成员之间的互评要严格、诚恳并有建设性，这样才能助力高效自评，同时对别人的评价与建议也是自我提升的过程。

口译课堂教学多以技能训练为主线，如听辨、记忆、信息重组、笔记、译前准备、临场应变等，在这些技能掌握之后，可以应用于不同的实践场景。协作式自主学习可以保证优质高效的训练，其效果是大班教学课堂无法达到的，如果在课堂上进行口译实践，容易出现耗时长、效率低的情况，而且不利于学生自主学习的积极性。可以两三人为一组进行小规模的训练，组员之间可以互相有效检查、共同训练口译技能等，有利于营造良好的学习氛围。

协作式自主学习如果加上教师的积极引导，可以更加有效促进交流知识的迁移，提升技能训练的效果，小组成员的认知范围扩大，口译技能加强，必然会激发学习热情，提高学习效率。总之，协作式自主学习的知识容量大、学生参与度高、习得效果更优。

（二）协作自主学习运作

协作式（结对、小组）自主学习既可以通过组内成员的合作训练与互评，训练口译技能，也比个人学习或大班教学更加高效、有趣。一般情况下，交替传译的学习小组由 2~4 人组成，至少要包括一名讲者和译员，在交传练习时，讲者可以作为听众对练习者的口译进行倾听与评价；同声传译的学习小组通常为 3~6 人，至少包括一名讲者、译员和听众，因为同传过程中讲者不能像交传时一样充当听众的角色。小组成员构成要尽量多样化、高水平，最好可以包括专业译员、英语母语者、学生、自由职业者等。

在协作自主学习过程中，每位成员都要参与口译的练习实践，并且对其他人的口译表现进行评估。小组活动可以每周进行 1~2 次，每次时长 2~3 个小时，活动内容可以就某个议题或术语进行训练，由参与者根据需要自行决定，每次活动需要提前准备相关语料，包括 4 篇时长 12~15 分钟的同传演讲与 4 篇时长 8~10 分钟的交传演讲。每个人的演讲都要录音供大家后续研究、自评、互评，也可以供组外学习者或教师进行研究。

在每次协作自主学习结束后，针对本次小组活动进行集中总结、评价并提出改进建议，最好确定下一次训练的主题或主要任务，方便组员提前准备。并在下一次活动开始前，对之前的问题进行总结回顾，并且确定本次或本阶段协作自主学习的目标。

第七章　口译实践研究

第一节　口译方法与技巧

口译实践过程中，译员要根据具体情况选择合适的口译方法，常见的口译方法有直译法、意译法、反译法、增减译法等，分别适用于不同的语句翻译，译员要熟练掌握这些口译方法并灵活使用。此外，口译还有很多微观层面的具体技巧，如汉英表达中有明显不同的数字类的口译。

一、口译方法

为准确、流畅、快速将发言内容翻译出来，口译员要根据具体情况选择合适的方法，灵活运用各种口译技巧，做出效果最佳的口译。口译方法主要如图 7-1 所示。

图 7-1　口译主要方法

（一）直译法

直译法指既保持原语形式又保持原语内容的翻译过程或结果，不仅要与原语表达形式一致，还要保证译语流畅易懂，翻译时重视"形似"，要求将原语内容按其形式翻译出来。虽然汉语和英语在语言结构、表达、语序等方面都存在差异，不过一些情况下也有一定的对等性，直译就是利用这种对等性进行翻译，是口译中最基本最常用的方法，同时也是最简单实用的方法。例如下面这两组例子，就是非常直接的翻译：

> 英：Our critics are our friends, for they show us our faults.
> 译：我们的批评者就是我们的朋友，因为他们指出了我们的错误。
> 汉：我们坚持独立自主的和平外交政策。
> 译：We consistently pursued an independent foreign policy.

随着经济、科技的发展与各国交流的加强，各种新事物、新观念层出不穷，相应的新词汇也越来越多，口译中经常会涉及这类内容的翻译，要想将其准确译出，一方面需要译员扎实的语言功底，平时对这类知识多加积累，很多汉英词语已经有了约定俗成又十分标准的译法，就需要多学习记忆，如"建设有中国特色的社会主义"就被译为 build socialism with Chinese characteristics；另一方面需要译员熟练掌握口译方法和技巧，根据具体情况进行灵活翻译。

（二）意译法

意译法指根据语言的意思进行翻译，不必拘泥于原语的语言形式，对原语进行解释性翻译，关键是要将原话的真正含义翻译出来，强调"神似"。很多时候由于文化差异，汉语与英语的互相直译是无法说明其意思的，甚至会导致严重的曲解，这时就需要译员进行意译。例如，battery eliminator 如果直译为"电池消除器"就会使人无法理解，而译为"稳压电源"就可以使文字更通顺，也使听众可以明白其含义。

每种语言都有其传统文化与社会风俗的影响，很多词句在其他语言中很难找到完全对应的内容来表达，例如下面这个例子：

> 汉：他担心碰一鼻子灰。
> 译：He was afraid of being snubbed.

"碰一鼻子灰"这个说法显然外国人是无法理解的，这就需要我们通过翻译对其进行解释。再比如我国的传统建筑、特色饮食等，在翻译时通常都需要使用意译的方法，如吊脚楼就解释并翻译成 wooden house projecting over the water，麻婆豆腐可以译为 spicy bean–curd in Sichuan style，要想准确翻译这些词汇，就需要译员多积累相关知识，要对原语含义十分了解或者对已有较高水准的译语进行记忆。

在对外宣传中也会传很多新词语，这些词语都有特定含义，如果采用对等之一，会导致译语概念模糊，译语听众无法理解，对于这种情况，只能采取意译的方法。比如"素质教育"一词，直译是 quality education，但是 quality 一词并不能表达"素质"在此处的含义，根据"素质教育"的内涵，将其译为 education for all–round development 更能对原语含义进行精准解释。

（三）反译法

由于中国人与西方人的思维方式差异，在表达习惯上也会有不同，在口译中，如果顺着原语的表达方式直接翻译会导致无法措辞或者翻译效果欠佳，这种情况下，就需要反其道而行之，在肯定与否定、主动与被动、先后顺序等方面采用正反变通的翻译方法，这样的反译法可以使译语更加生动流畅，符合译语语言的表达习惯，也更能表达原意。反译法主要有正说反译与反说正译两种。

1. 正说反译

很多英语的形容词，如 hard、different、last、bare、foreign、free of、far from 等，在译成汉语时，会被处理为"不、无、否、没、非"等否定词。比如 The explanation is pretty thin 就可以译为"这个解释是非常不充实的"。

另外，英语中的前缀或后缀如 a-、an-、anti-、de-、im-、non-、un-、-less、-proof 等在译成汉语时，也经常被处理为否定词。如 She is careless about the consequences 翻译成汉语是"她对结果并不在意"。

英语中的一些介词如 beyond、above、against、without、but for、aside from、rather than、in place of 等，与一些动词如 differ、refuse、deny、avoid、reject、blind、stop 等，在口译中也常需要做否定处理。如下面两组例子：

> 英：The scenery is beautiful beyond description.
> 译：风景美得无法描述。
> 英：Scientists reject authority as an ultimate basis for truth.
> 译：科学家们不承认权威是真理的最终依据。

2. 反说正译

英语中表否定的 no 或 not 等词在翻译时不一定非要译为汉语的"不、无"等否定词，根据语境也可以采取正面的表达。比如 The examination left no doubt that the patient had died of lung cancer，翻译为"调查结果清清楚楚说明，病人死于肺癌"，汉语翻译中并未出现与 no 对应的否定词，但是译语也将原句进行了准确翻译。

除了肯定与否定的反译之外，一些涉及时间先后、位置不同的翻译，也可以采用反译的方法。如下面几组翻译：

> 英：After you please.
> 译：您先请。
> 英：More tests should be conducted before we can come to a conclusion.
> 译：我们需要做更多的实验才能得出结论。
> 英：She sat there, her chin cupped in her hands.
> 译：她坐在那里，双手托着下巴。

（四）增减译法

语言蕴含着丰富的文化信息，口译能否成功很大程度上取决于译员对双方文化与社会的熟悉程度，当遇到与此相关的口译任务时，译员要根据听众的具体情况，在翻译时加以必要的解释说明，以使听众对讲话内容有更深的理解，这种翻译的方法就是增译。

对于一些西方国家的地名、典故等，中国听众没有去过也不了解，只作简单翻译是无法将信息传达到位的，如 Downing Street 译为"唐宁街"是不够的，中国听众很多并不了解这个地方，最好对其加以解释，可以译为"唐宁街——英国伦敦首相官邸和政府主要部门所在地，即英国政府"，这样就十分易懂了。

再如中国的对外宣传中，一些汉语常用词也是不为国外听众所熟知的，也需要译员加上一定的解释或背景说明。像"五四运动"就要译为 the May Fourth Movement, a great anti-imperialist, anti-feudal, political and cultural movement which took place on May fourth, 1919, 这样将五四运动的英文名称进行翻译，同时对其进行解释，就可以使译语听众理解其含义与运动背景。如"秦始皇"就可以译为 Qin Shi Huang, the first Emperor of China who unified China in 220 BC。

不论英译汉还是汉译英，口译的目的都是使听众理解讲话内容，因此译语要通俗易懂、简洁明快，译员要在忠实于原语的基础上，尽量缩减不必要的词语与重复，这种翻译方法就是减译。如下面这个例子：

> 英：China has a great tradition. It has huge resources. It has enormous strength of will and spirit.
> 译：中国有伟大的传统，丰富的资源，强大的意志与精神力量。

在翻译中省略了两个 It has，使译语更加简练通顺。

口译是一项复杂的工作，即使只翻译一个语句，也可能需要用到多种不同的翻译方法，只有在平时的教学中，将每一种方法都学透，在口译实践中，将每一句话都用合适的方法翻译出来，才能不断提升口译技能。教师要多给予学生练习机会，可以从笔译这种相对较慢的翻译开始，逐渐转为速度要求更高的口译，多积累学习才是提高口译水平的不二法门。

二、口译技巧

（一）口译听与说

英语虽然有一定的发音、语法等标准，但是不可能每个讲英语的人都可以讲得如 BBC 广播一般，就如中国人讲汉语也不全是标准普通话，都会由于区域、人的性格、生理条件等不同而带有自己的口音。如有的人声音更尖利，有的人就相对低沉，有人讲话语速慢，有人就偏快，英式英语、美式英语、澳大利亚英语等都有各自的特点，一些英语词汇如 eat 与 it、sit 与 seat 的发音听起来几乎相同，这些都会造成听的障碍。但是这些又是译员在口译时一定要克服的困难，而且译语不能给听众制造新的障碍，因此口译员要具有很好的听与说技巧，才能准确听清楚听明白讲话者的意思，并且将其准确传达给译语听众。

听的技巧是可以通过科学的教学与持之以恒的练习获得的，在练习听的技巧的同时，也要有意识培养自己的语言能力。听的技巧获得主要有以下途径：

（1）精泛结合，精听指有的材料要仔细、反复听，把握其语言特征与材料大意，泛听指多听不同内容、不同语言形式的材料，以此熟悉不同风格的发言方式。

（2）听话听意，在发言者讲话过程中，译员除了要听发言内容，还要根据语境对所听内容进行综合分析判断，如发言者的说话声调、面部表情、姿势动作与听众的反应等，通过这些分析，可以帮助译员更好地把握信息。

（3）善听关键，发言者通常会围绕某个主题或话题展开讲话，提出自己的观点并加以佐证，因此，译员要善于抓住讲话内容中的关键词句，将概念与论据区分开来，这样更有利于对内容的集中倾听和理解。

（4）有的翻译工作中，译员是有一定思考时间的，而且思考速度通常是快于讲话速度的，因此译员要对所听内容进行分析，将发言中不合逻辑的地方在翻译时予以修正。此外，交替传译时的笔记也是十分重要的，将关键词语、数字、地点、结果等记录下来，以作为口译时的参考。

口译中的"说"就是译员的表达，是译员综合能力的展现。

首先，内容方面，译员要将发言人的讲话内容忠实表达出来，不过如果逐字逐句翻译，会导致译语东一句西一句，不成体系，译员要善用不同的口译方法和技巧，使表达清晰有逻辑。

其次，在讲话风格方面，译员要尽量贴近发言者的风格，并且注意翻译时的节奏，否则发言者本人不会满意，听众无法理解发言者的情绪，那么这次发言与翻译就是不成功的。

最后，译员的表达方面，既要体态适宜、落落大方，也要在表达时做到讲话清晰、速度适中、停顿得当、流畅简洁，发言者的口头禅、犹豫等是可以理解的，但是译员在口译时要尽量避免这些冗余的内容。

（二）数字类口译技巧

1. 大数口译

英语与汉语的数字表达基本一致，不过一旦上万就比较复杂了，因为英语中没有"万"的概念，在翻译中，难免受到母语思维影响，对这类大数翻译要十分注意两种语言的表达区别，表7-1中就是英汉语言中对数位的不同理解方式。

表7-1　　　　　　　　英汉大数思维对比

汉语数字思维	英语数字思维	英语数字表达
个	个	one
十	十	ten
百	百	hundred
千	千	thousand
万	十千	ten thousand
十万	百千	hundred thousand
百万	百万	million
千万	十百万	ten million
亿	百百万	hundred million
十亿	十亿	billion
万亿	万亿	trillion

从表 7-1 可以看出英语与汉语在数字表达时的区别，汉语每四位为一段，英语则是每三位为一段，汉语的几万，对应到英语中为几十千，汉语的几十万就是英语的几百千，只要多进行思考转换，就能熟练对大数进行快速准确的口译。例如，对"73，456，192"这组数，就应该译为 seventy three million，four hundred and fifty-six thousand，one hundred and ninety-two。

此外，对大数的翻译，还可以通过标注辅助翻译。如下面两组例子：

（1）汉译英：对记录下的数字作三位标注，从右至左，每三位标记隔开。如 654，321，987，654，321，每个逗号前分别对应 trillion，billion，million，thousand。

（2）英译汉：对记录下的数字作四位标注，从右至左，每四位标记隔开。如 654，3219，8765，4321，每个逗号前对应万亿，亿，万。

2. 模糊数字口译

模糊数字在交际活动中是十分常见的，比如，"十几、几百、一千多"等，这类模糊数字的表达方法需要在平时多熟记。下面列举几种常见的模糊数字的汉英译法。

"大于某数"译为 more than/over/above…，或译为…or more，例如：a little over fifty（五十多）、above 20 degrees（超过20度）、15 students or more（15个学生或更多）。

"小于某数"译为 less than/under/below/nearly/almost/upon…，或译为…or less，例如：less than 10 days（少于十天）、nearly seven years（将近七年）。

"大约、左右"可以译为…or…、or so、about、…more or less、around、round about 等，例如：two miles or so（两英里左右）、more or less forty pages（大概四十页）、round about nine o'clock（九点钟左右）。

另外，几个、十几个、几十个等模糊数词的翻译可以参考以下例子：

三三两两：by twos and threes
几个：a few/some/a number of/several
十几个：over a dozen/no more than twenty
几十个：dozens of/tens of
几十年：decades
六十好几：well over sixty
几百个：hundreds of
成千上万，千千万万：thousands of
几十万：hundreds of thousands of
几百万：millions of

3. 倍数口译

倍数在英语和汉语中的含义是一致的，不过表示方法上有所不同，如某工厂在2004年的钢铁产量是2002年的4倍，用汉语还可以表述为"2004年的钢铁产量比2002年增长了3倍"，使用英语则至少有下列表述方法：

The output of steel in 2004 was four times as much as that of 2002.
The output of steel in 2004 was four times that of 2002.
The output of steel in 2004 was four times greater than that in 2002.
The output of steel in 2004 was four times that it had been in 2002.
The output of steel increased 4 fold in the years 2002~2004.
The output of steel in 2004 was 300% greater than in 2004.
There was a 300% increase in the output of steel between 2002 and 2004.

通过以上语句，可以看出，当表示"增加几倍"时，使用百分数表示，当表示"是几倍"时，使用 times 或 fold 表示。

4. 分数口译

汉语的分数读法较简单，译为"几分之几"就可以，对于英语的分数读法，我们举几个例子说明，如表7-2所示。

表7-2　　　　　　　　　分数口译举例

分数	汉语	英语序数词	英语基数词
1/3	三分之一	one third	one over three
2/3	三分之二	two thirds	two over three
3/5	五分之三	three fifths	three over five
1/2	二分之一	one half	one over two
7/22	二十二分之七	Seven twenty-second	seven over twenty two
$9\frac{2}{5}$	九又五分之二	nine and two fifths	nine and two over five

"过去半年这家商店的营业额减少了 2/3 以上"就可以译为 The turn-over of the shop has been reduced by over two-thirds in the last half year；特殊地，当分数作为前置定语时，分母要用单数形式，如"1/3 英里"应该译为 a one-third mile。

5. 小数口译

小数点在汉语中读"点"，在英语中读作 point 或 dot，在两种语言中，小数的读法都是小数点前面按照基数词的读法，小数点后面将每个数字依次读出，如果小数点前面为三位数以上，英语中也可以将数字分别读出。如 63.86 在汉语中读作"六十三点八六"，英语读作 sixty three point eight six；345.456 的汉语读法为"三百四十五点四五六"，英语可以读作 three hundred and forty-five point four five six 或 three four five point four five six。此外，小数中出现 0，英语中读作 zero 或 nought 或读作字母 O。

以上对一些口译中常见的技巧进行分析，所举例子只是说明一些可以使用的翻译方法，实际上还有很多灵活的翻译表达，比如单位的转换、折扣的表示等，英语与汉语都有很大的不同，这些都需要广大口译人员在工作实践中不断积累，在合适的场合或语境采用最合适的译法。这些技巧的教学不需要多么复杂，掌握方法之后，需要学生进行反复练习揣摩，语言与口译的功能都是交流，只要可以准确流畅进行交际，使用哪种译法、措辞等就需要译员在长期的口译实践中总结经验来得到了。

第二节　口译应变与纠错

口译是一项具有明显即时性、现场性的活动，往往"译"语既出，驷马难追。因此，对译员的注意力、表达能力、理解能力都有极高的要求。但是口译过程中的一些失误也是难免的，当译员出现口译失误时，也是可以视情况采取一定办法进行补救的。

一、口译应变策略

口译不仅是使用语言转换来复述发言者的讲话内容，而是一项非常辛苦紧张的脑力劳动，口译的特点决定了译员必须在短暂时间内理解听到的内容与发言者的意图，并迅速对信息进行解码和编码，这个过程中，口译员的外语听力能力、理解能力、记忆能力、表达能力、实践经验等都会影响口译的结果。此外，口译具有现场性的特点，现场的环境、交际双方的发言、口译中的失误处理等，都需要口译员在实践中培养良好的现场应变能力。

（一）即席应变策略

临场的心理与思维活动导致了发言者的语言具有多变性、重复性、粗略性、含糊性、生动性、互动性等特点，口译员在翻译时要充分发挥主观应变能力以达到理想的口译效果，针对发言者的语言特点分别有以下应变策略。

首先，发言者讲话具有多变性，常常突然插入另外的话题或进行随机例证，对于这种"插话"的翻译，口译员可以缩减词句，抓住重点，翻译大意即可。当发言者转移话题时，口译员一定要将话题关键词进行翻译，使听众感受到话题的转移，再继续针对新话题内容进行口译。

其次，许多发言者讲话会经常重复，如将一句话重复说，或者将前面提过的内容再重复一次,这种情况就需要口译员对发言者的重复意图进行适当分析。如果发言者是为了强调某句话而重复,译员也要采取重复的方法将其再次口译出来;如果发言者是为了借重复的机会为自己留出思考时间,或者重复是发言者的讲话习惯,这种情况下口译员就无须重复翻译,口译适当省略这种不必要的重复。不过如果是同声传译,最好都跟着重复,否则译员停顿时间太久,会使听众产生焦急心理。

再次,发言时会出现词不达意或者措辞不恰当的现象,如措辞不合时宜、句子不完整不连贯等,这时口译员就要在翻译的同时将内容进行修正与完善,根据上下文推理出发言者要讲内容的真正内涵,尽可能完整表达出发言者要说但未说出的内容,这就需要口译员对发言内容与主旨有精确的把握。

另外,发言者面对现场听众,讲话时为吸引注意力,会使用很多感叹词、象声词以使发言更加生动,也会在语速、语调上做出改变,并通常伴随着手势、表情等,对此,译员也要采取相应的应变策略。

例如,对感叹词的处理要合乎语境,准确传达原语含义与情感;也要尽量保持与发言者同步的速度与声调,当发言者情绪激动时,译员的语速要加快,当发言者情绪低落时,译员的语速要慢一些,当发言者突出其重点或表示号召、质问等时,译员的音调要高一些,当发言者表示请求时,译员的音调要降低……这样的处理可以使译语听众达到和原语听众同步的感情与认知。

在口译过程中,译员一般不使用手势,不过可以根据讲话内容做出合适的面部表情。另外,发言者如果即兴作诗或背诵诗词格言等,口译员无须纠结诗歌形式,只要用通俗易懂的译语将其大意翻译出来即可。

最后,一些发言者会由于对内容不熟悉或口音等问题导致讲话含糊,或者口译员由于精神高度紧张导致数据、地名、时间等词语没有听清,这些情况下,很容易出现错误的口译。对于后者,口译员要通过实践训练克服自己的心理问题,并做好口译笔记;对于前者,需要口译员根据整体内容对发言者未表达清楚的部分进行分析猜测,或者暂时不译之后补译。如果出现一些专业性词汇无法翻译,可以直接照搬原文。当然,口译员在工作开始前最好与发言者取得联系,对其要讲内容的范围、框架、逻辑、专业问题有所了解,做好译前准备工作,这样可以有效帮助口译的完成。

(二) 策略性应变技巧

1. 借用听众熟悉的文化

原语中涉及文化典故、历史人物等,直接翻译对译语听众来说依然无法理解,就可以借助译语中已有的文化来替代原语信息。例如,将"梁山伯与祝英台"解释为"Chinese Romeo and Juliet",这样的译法显然是不够准确的,只能作为应急策略,不过最好对其加以进一步解释说明,以使译语听众明白这是用相似的文化作对比的翻译结果,目的也是使听众更好理解其含义。

2. 解释性说明

口译中会遇到一些有着特定背景的语句,译员虽不能像笔译那样加以标注,但是也可以将原语的内容与背景清晰准确地表达出来。如 garage dreamer 对于没有接触过电子商务的听众来说,"车库梦想家"是一个非常新鲜的词,因此译员就需要在语句翻译完成后,做补充解释"所谓车库梦想家,就是指那些从车库里创业发家的电子商务巨头",这样观众就可以更加明白,译员还起到了知识传播的作用。

3. 借助非语言辅助手段

口译员可以借助视听手段或 PowerPoint 等工具加深听众印象或辅助听众理解内容,特别是科技口译活动中,很多专业术语都需要借助辅助手段来提高口译质量。在这样的交际环境中,图表、符号、公式等要比反复讲解更加直观、更有说服力,因此在条件允许的情况下,译员可以与发言者沟通,将重点内容或难点内容提前展现在大屏幕上或用其他直观表现形式表示出来。

4. 译语重组

在口译时,译员经常需要将发言内容进行重新组合、归纳,特别是在汉译英的口译中,汉语常以意合连接,有时会出现辞藻的堆砌现象,如果直接译为英语会显得十分冗长,就需要译员对内容进行适当重建。比如

"福建对外通商早，旅外华侨多，是海外八百多万闽籍华人魂牵梦萦的故里门庭。"这句话用词华美，中文意境极佳，但是如果翻译成英语，就会显得拖沓且夸大其词，因此可以进行概括式处理，译为 Fujian is the famous hometown haunted by about 8 million overseas Chinese all over the world，这样翻译更加客观，也无损原句主旨，对于译语听众来说更加清晰。

5. 忽略或跟读

当遇到某些没有听清楚或者没有听懂导致无法准确译出时，可以使用意思相近的字词或代替或换一种表达方式，或者迅速跳过，以免影响后续内容的聆听与翻译，如果是专业性较强的术语，可以直接使用原语。此外，如果原语中有很多形式对称、修辞优美但是意义不大的措辞可以省略不译或者打破其形似只译大意。如"这栋大楼正在如火如荼地兴建"中"如火如荼"就是修饰词，口译时可以将其淡化，只译主要内容即可：The building is well under construction。

在口译实践中，这些应变策略也不是全都适用的，通过译员的实践积累，也会发现很多适合自己的技巧。要想掌握口译的应变策略，最重要的就是要处理好语言形式与内容的关系，译员要将更多的注意力放在对内容的理解与译语表达上，通过大量的实践，总结自己的经验，并多学习他人经验，这样才能不断提高口译应变能力，掌握口译工作规律。

（三）权宜策略

权宜策略指在特殊情境中，口译员需要采取非技术性的策略对口译中出现的问题进行特殊处理，这不仅需要口译员扎实的专业技能与良好的心理素质，还需要口译员掌握应变技巧，对一些不得体的讲话做出得体的翻译，充当交际双方交流的"润滑剂"与"黏合剂"。

例如，说话人出现粗俗用语、不合适的调侃、不尊重对方文化等情况，如果直接翻译会引起双方的不满甚至误解，口译员就可以对字面意思做淡化或变通处理。如 I'm going there just to see pandas, I just don't like bloody mountains, 这句话中的 bloody 是一种比较粗俗的说法，而且直接拒绝了对方游览大山的提议，如果直译肯定不太合适，因此译为"我主要是想去看熊猫,恐怕没有时间再去大山了",这样既表达了"不看山"的意向,也"过滤"了原句中不合适的说法,这种权益策略达到了交流的目的与效果。

此外,译员还可以从以下几个方面做好充分的译前准备:

第一,如果可能的话,译员可以提前申请书面材料,即使是一份提纲也可以帮助口译员对接下来的讲话内容有大致了解,对于即将面临的专业领域进行定位,做好准备。在专业性很强的同声传译工作中,大多数都有发言稿或提纲,可以帮助口译员进行相关准备工作。

第二,在口译工作正式开始之前,口译员应该主动与相关发言者接触交谈,以了解发言内容的变化或调整,很多发言者会临时更改讲话内容或者增加新内容、删除部分发言等,这些变动一般是不会专门通知口译员的,就需要口译员主动询问以做出相应准备。

第三,如果口译员出现紧张心理,就会产生语速偏快的情况,这既不利于听众对内容的理解,也不利于口译员对信息与表达进行更准确的加工处理。为了良好的口译效果,译员讲话整体语速与音量都要适中。

第四,无论同声传译还是交替传译,初学者都要记录下自己的训练或实践的实况,在结束后进行反复认真研究,积累经验、总结教训,并与教师、同学或工作伙伴相互交流,取长补短,以不断提高自己的口译水平与行业整体水平。

二、口译纠错技巧

口译是一种即时的信息转换活动,几乎无法做到不出任何错误或失误,这是因为口译活动是为不同专业、不同领域、不同背景的人提供服务,口译员不可能每个领域都涉猎甚至精通,客观事物的无限性与主观认识的有限性之间的矛盾就导致口译难免出错。有经验的口译员会在犯错后迅速、准确、得体地纠正自己的错误,而不断纠正错误也是一名优秀译员成长的必经之路。

口译中如果出错,首先要调整自己的心态,不要慌张,理解犯错是难免的，要镇定下来，继续认真倾听发言者所讲的内容，避免后续本来可以顺利完成的口译受到负面影响。在纠正错误时，可以参考下列句型：

（1）使用 I mean/I was saying/To be more exact/To be more accurate/let me put it this way 等句式，对刚刚口译的内容作进一步说明与修正。

（2）使用 I'll repeat what I said，在重复前文内容时，巧妙修正最初表达时的不足或失误。

（3）使用 in stead of saying，使用更合适的词语代替并解释前面含糊不清或表达有误的内容。

如果是在英译汉时出现错误，也可以采用类似的处理办法，如在错误之后，加上"应该是""准确地说""或者可以这样理解"等。

三、口译中的模糊信息处理

模糊性是人类语言的客观属性，一方面不管汉语还是英语在表达时都存在一定的模糊性，比如在时间词、数量词、相对形容词等都具有一定的模糊性，另一方面，英汉语言中的模糊性也不完全相同。

比如汉语中的"三令五申""九牛一毛""五花八门"等词语中的数字都表示"多"的意思，但是在英语中，three, five, nine 等数字就没有这种模糊用法，不过英语中的 twenty, a hundred and one, a thousand and one 可以用来表示模糊的"多"的意思，但是汉语中的"二十""一百零一""一千零一"就没有模糊的概念。除数字外，汉语中的"大约""也许""可能""差不多""左右""说不准"等都是模糊的语义，英语中也有类似的模糊表达，如 about, probably, sort of, almost, commonly, sufficient 等。

在口语交际中，模糊表达的现象十分常见，但是这些模糊的表达通常不会影响交际的进行，事实上，模糊性对口语交际还有一定的正面影响，比如当列举时无须全部列出，笼统概括即可，还可以增强交际的灵活性，使语言表达更加委婉、有礼貌等。

在口译实践中，译员要能够通过一些模糊信息判断出讲话者的言外之意，并进行恰当的翻译，促成交际的实现。对于发言中出现的模糊信息，译员可以根据具体情况采用以下几种方法进行处理。

（一）对等保留模糊信息

对等保留模糊信息，即使用译语中的模糊语翻译原语中的模糊语，从而保留模糊信息，也就是采用直译的方法，这种译法也是最常用的。如下面两组例子：

> 英：We should like to know the approximate quantity you may sell in the coming year.
> 译：我们想了解你们明年的大概销售数量。
> 汉：在我们出发去度假之前，我还有许多事情要做。
> 译：I have a thousand and one things to do before we set out for our holiday.

（二）省略模糊信息

口译的目的在于使听者明白说话者的意思，以实现顺利交际。只要不丢失原语的本意，一些模糊词可以不予翻译。比如在商贸谈判中，为了使自己不受损失，会使用一些模糊信息加以限定，在翻译时，一些双方心照不宣的模糊词就可以省略，或者为了使译语表达更加通畅也可以省略模糊词，举例如下：

> 英：We as the seller reserve the right to lodge a claim for direct losses sustained, if any.
> 译：作为卖方，我们有权对遭受的直接损失提出索赔。

这组例子中的 if any 在翻译时就可以不译出。

（三）化模糊为精确

模糊和精确是相对的，即使有时使用了模糊词，但是发言者的意思是明确的，这种情况下，译员就可以将模糊信息翻译成相对精确的语言，举例如下：

> 英：Only when reliable access to outside financing is available can a project for foreign direct investment be termed viable.
> 译：只有在国外经营可以获利的前提下，对外投资项目才值得施行。

此外，英汉语言在语法、表达等方面都有差异，译员在翻译时要充分考虑译语的语言习惯，做到顺畅口译。因此，在出现一些比较模糊的句法结构时，可以调整结构进行释意性翻译，举例如下：

> 英：The benefits of specification may also be affected by transport costs; goods and raw materials have to be transported around the world and the cost of the transport narrows the limits between which it will prove profitable to trade.
> 译：项目利润也会受到运输费用的影响，因为要在全球进行货物和原料的运输，运输费用缩小了贸易获利的范围。

在这个例子中，原句属于结构模糊句，如果直译，是无法符合汉语表达习惯的，因此将原句中的并列结构译为一个原因状语从句，这样就可以准确传达原句意思。

在口译实践中，要结合具体语境，把握说话人的真正意图，采用合适的方式进行口译。要想在口译实践中恰当、快速处理口语中的模糊信息，译员在平时训练中就要提高对模糊表达的语用功能与表现方式的把控能力。

第三节　英语口译笔记

口译笔记，指口译员在口译工作中，通过职业化的手段迅速整理原语思维并记录原语的关键内容，作为口译时的提示信息，通常，口译笔记是由文字、符号等组成，并通过连接符体现句与句之间的逻辑关系。口译笔记的作用是帮助译员回忆讲话内容，并辅助译员完成原语到译语的转换活动。

一、口译笔记特点

口译笔记是记忆内容的载体，但不是信息的文字化，口译笔记与速记或会议记录、课堂笔记都不同，它有如图 7-2 所示的几个特点。

图 7-2　口译笔记特点

首先，口译笔记有很强的即时性，从记笔记到笔记发挥作用之间的时间间隔非常短暂，笔记的目的是辅助译员回忆讲话内容，是为了口译一时的需求，因此译语一旦讲出，笔记就失去了其存在的价值，通常口译笔记也没有保存价值。

其次，由于口译笔记的即时性，也不需要做得十分详尽，只要简单记录关键词与不适合脑记的内容即可。同声传译是跟着发言者的讲话进行的，不可能转眼就把内容忘了，交替传译中，发言者也不会讲太长时间才停下来，因此，译员对刚刚讲过的内容是可以通过脑记的方法短期记忆下主要内容的，口译笔记只作提示之用，因此简短记录即可，这样也便于译员将更多的精力放在倾听发言者讲话上。

最后，口译笔记具有鲜明的个人特色，有经验的译员都会形成自己的笔记习惯，而且译员的记忆能力各不相同，口译笔记的多少也会不同，此外，笔记中还有各种符号、缩写等，就会更加具有个人特点，通常只有做笔记的译员本人才能看懂。例如，对于这句话"Ladies and gentlemen: On behalf of our company, I'd like to extend a warm welcome to the American guests."不同的译员就有不同的记录方法（见图7-3）。

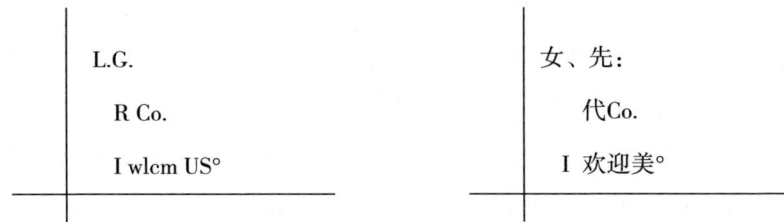

图7-3　不同口译笔记

同声传译与交替传译或其他形式的口译都需要笔记辅助，而且译员的记录影响着口译的结果。在连续口译时，发言者有时会一口气说很多人名、地名、数字等，这种情况下，只靠人的短期记忆是显然不行的，因此，译员需要借助笔记弥补脑记的不足，确保口译时不遗漏任何信息。

二、口译笔记注意事项

口译笔记并没有明确的标准，其目的是辅助口译员记录信息，译员在实践中都会逐步形成各自的记录方法，每个人的口译记录都可能与其他人的不一样。此外，口译记录是时效性很强的记录，口译工作结束后，这份记录通常就没有价值了。而且，口译记录方式与课堂记录不可能也没必要相同，其技巧是多方面的，在口译笔记时要注意以下几点：

首先，译员要在发言者讲话一开始就进行记录。发言者的开场可能会引出长篇大论，如果没有及时进入记录状态，会给后面的记录与口译工作造成一定困难。译员要养成记笔记的习惯，并且通过反复的实践，掌握适合自己的记笔记的方法。

其次，口译笔记要简明扼要。笔记只要将数字、时间、事件等关键词记录下来即可，如果过分追求全面细致的记录，反而会得不偿失，占用思考与组织语言的时间，影响口译表达。此外，要保证笔记清楚明了、易于辨认，真正起到帮助译员回忆讲话内容的作用。

最后，口译笔记要有技巧、有方法。关于口译应该用什么语言作记录，艾赫贝尔提倡使用译入语记录，这样有利于接下来的口译表达，使用译入语记录已经成为一个惯例，不过译员如果遇到译入语记录不方便情况，也可不按惯例行事，甚至可以使用第三种语言记录。比如汉语的"我"就没有英语的 I 简单好记，英语中的 white 就不及汉字"白"直观明了，当然还有很多符号更加简易，总之，口译笔记是供译员自己看的，因此只要符合自己习惯且不影响口译表达即可，而且一些有经验的译员会用两种语言和符号混合记录的方法。

三、口译笔记原则

口译笔记要遵循以下四个原则：

第一，分心原则。即注意力合理分配的原则，要始终明确在口译过程中，"听"与"译"是最重要的，笔记只起到辅助回忆的作用，不要将太多精力放到记录笔记上。

第二，借用原则。如果是前面出现过的内容，后面重复出现可以直接使用箭头等符号标记为借用。

第三，简化原则。笔记不必记下所有内容，只要记录要点即可。

第四，取舍原则。笔记记录要有主次之分，对于不必要的信息或已经在大脑中留下记忆的信息就不必记录，通常记录重点为名词，将名词串联就可以还原发言者的讲话内容。

总之，口译笔记的记录要做到省时且高效，切不可因小失大，忙于记录笔记导致没有精力去听发言者讲话。

四、口译笔记格式

通常用作口译笔记的纸张不需要太大，A6 型号的记事本就可以满足需求。而且笔记是辅助形式，译员进行口译时不能只顾埋头翻译而忽略与观众保持眼神交流，否则翻译会显得呆板机械，效果也会受到影响，因此，口译笔记字体要大且不密，看起来一目了然，译员要灵活使用笔记，不能被笔记束缚。好的口译记录格式帮助译员更好做到这点。

首先，记录纸左侧留出2厘米左右的空格，画一条竖线将其分成左右两部分，左侧记录逻辑词语连接词，右边记录内容。左侧的连接词对整个口译的连贯通顺起着重要的引导作用，有助于译员厘清听到内容的逻辑框架。另外，如果出现译员未听清楚或不理解的内容，可以在左侧标记一个"？"，便于后续处理。

其次，一行只记录两三个关键词即可，切记不能将两个内容或两句话记在同一行，如果堆积到一起，就会由于信息过于复杂而影响口译员的理解，特别是英语中经常出现很长的句子，要将其进行适当分解，根据自己的表达顺序习惯记录在不同行。

最后，在每个意群结束后，要用"——"或其他符号表示一个层次的结束，这样可以避免口译时串行或漏译，而且这样标记也可以使层次更加清晰，便于译员理解内容逻辑。在记录完一个停顿后，可以使用"#"等符号表示该段的完结，避免与下一个停顿内容混淆，方便译员找到下一段的开头。

总之，口译记录格式对记录质量与口译质量都十分重要，在学习训练与口译实践中，都要养成良好的记录习惯，有意识培养正确的记录意识与运用方式，才能使口译笔记发挥积极的作用。

五、口译笔记常用符号

使用符号记录也是很多译员的习惯，这些符号包括缩写词、字母、物理符号甚至自创符号等，不论使用哪一种符号，都要以译员自己非常熟悉、能写、能快速辨认为前提。常用的笔记符号大致有如表7-3所示的几类。

表7-3　　　　　　　　口译笔记常用符号举例

符号种类	符号举例	汉语含义
英语字母符号	WTO	世界贸易组织
	CPC	中国共产党

续表

符号种类	符号举例	汉语含义
英语字母符号	GDP	国内生产总值
	M. op.	改革开放
	US/Am.	美国
	UK/Br.	英国
	$	美元
	£	英镑
	m.	百万
	b.	十亿
数学符号	+	还有、和、此外、而且
	-	除去、不会、没有
	=	相当于、一样
	>	超过、更好、优于
	<	少于、不如、不及
	∵	因为、由于
	∴	所以、于是、结论
形象符号	↗	逐步增长、逐级上报
	↑	增加、上升、上报
	→	前进、发展
	//	停止、停滞
	○	圆满、团结、圆桌会议
	☺	开心、高兴
其他惯用符号	#	删除、不要、放弃
	△	恢复、还原
	≈	调换、对调、交流
	下划线	强调、加重

下面用两组例子来具体说明口译笔记符号在口译笔记中是如何使用的。

例1：If women had more power, they could contribute their strength in a more positive way.

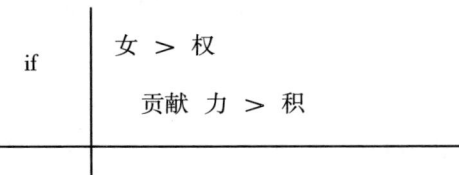

笔记说明：左侧的 if 是逻辑连接词，右侧为主要内容，使用中文关键词记录，符号＞表示更好、更多的意思。

例2：中国人口众多，人均能源资源拥有量在世界上处于较低水平，人均煤炭和水力资源相当于世界平均水平的50%。

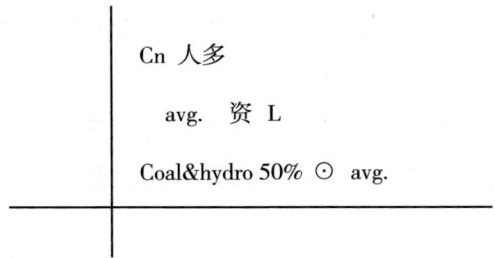

笔记说明：Cn 代表中国，avg. 表示 average（平均水平），L 代表 low（低下的），⊙ 为世界的意思，这样记录就可以将这句话分析清楚，并且记录清晰、层次分明，便于译员口译时参考。

综上所述，可以将口译笔记的记录原则与技巧总结为"五多五少"，即：多符号少文字、多辅音少元音、多缩写少全称、多层意少单词、多竖写少横写，做到这五点，就可以大大提升口译笔记的能力与笔记在口译中的提示作用。

第四节　口译与口译教学质量评估

任何活动都需要一套行之有效的质量标准，作为工作或活动的要求，口译实践和口译教学也不例外，对此进行质量评估，一方面可以评估已完成的工作质量，另一方面也为后面的工作提出了要求。而口译和口译教学的质量会受到诸多现实的、不确定的因素影响,因此其评估也需要全方面考虑。

一、口译质量评估

口译质量评估是对口译活动质量高低优劣的衡量,随着口译的广泛使用,对口译质量的评估研究也在不断深入,不论是被大多数人认可的"准、顺、快"标准还是"灵活度"标准,都是从经验出发,缺乏严谨系统的理论依据,也没有客观数据支撑,而且由于口译结果与质量受到译员、交际双方发言、不同任务要求等多方因素的影响,目前还没有一套令人信服的完整的质量标准与评估方法。

要想对口译质量有科学的评估,首先要对这些影响因素进行明确分类定义,其次要研究评估涉及的标准及参数,最后要有一套完整的可操作性方案。

(一)口译质量评估基本概念

口译质量评估指对口译活动质量高低、优劣的衡量,包括译语的产出与传输质量,也包括现场听众反应及交际效果等,不同目的、不同模式的评估会改变这些成分在评估结果中的占比。

口译质量评估可以分为过程评估与成果评估大类,其中过程评估指译员的职业技能运用、技能发展、认知负荷协调等,成果评估指译语的质量评定与现场的效果测量。朱利安·霍斯(Juliane House)等认为,口译的过程评估是客观评价口译成果的必要步骤。

根据中外不同学者对口译质量评估的研究,可以归纳出图 7-4 中所示几个基本指标。

可信度指译语信息忠于原语,且传达准确、完整;可接受度指从观众角度出发,听到的译语逻辑清晰、表达流畅,符合讲话习惯;简明度指译语要做到通俗易懂、简洁明了;多样性指面对不同的发言口音、专业知识,译员都可以自如进行口译;迅捷度指译员口译要及时,避免造成交流

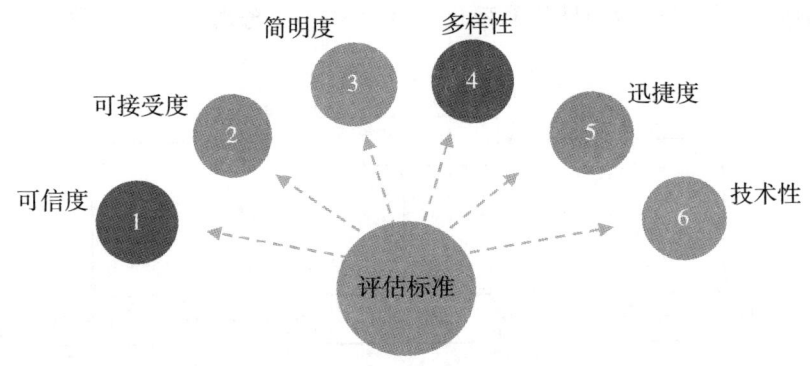

图 7-4　口译质量评估基本标准

障碍，并且可以快速应对突发状况；技术性主要指译员要掌握口译技能与相关设备技术等。在口译实践中，会有各种不同的任务，但是可观察的变量都是基于以上六项指标，不过由于具体情况的不同，各指标权重也会随之改变。

例如，如果是为了口译人员的培训，则要更看重口译的过程评估，其中技术性与可信度就是最重要的评价指标；如果是为了职业实践与译员等级评定等，就要更看重成果评估，那么评估指标中对迅捷度与可接受度的考量就要更多。

现在的口译质量评估大都是定性分析与量化数据互补的模式，定性分析重点分析现象，量化则采集具体数据以提供严谨的力争。在我国比较具有代表性的口译质量评估模式有鲍刚拟定的"口译竞赛评估表"、林郁如提出的考核打分模式、杨承淑的"扣分法"等；国外则有吉尔的公式推算模式、各官方机构的标准考核模式等①。

（二）口译质量评估基本参数

如图 7-5 所示，口译质量评估受到多种因素影响，因此要想对口译进行客观、科学的评估，在具体操作中就要借助客观参数，根据口译的相关理论，将上述口译评估指标归纳为信息忠实度、语言表达准确度、译语传

---

① 郭磊. 英汉口译导论［M］. 兰州：甘肃人民出版社，2014：180.

达流利度、口译中策略使用有效度与灵活度、服务对象的满意度五个基本参数。

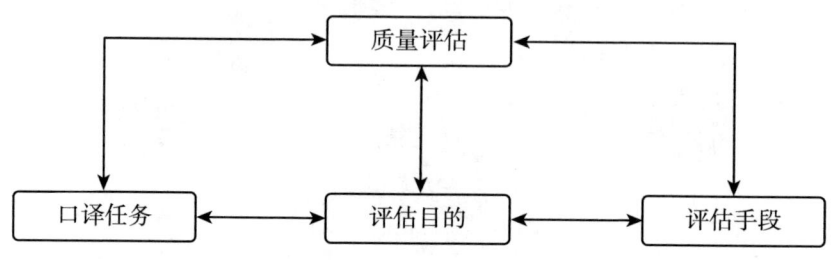

图 7-5 口译质量评估影响因素

1. 信息忠实度评估

口译质量评估中的信息指标通常被视为口译信息忠实度的重要依据，无论是定性分析还是定量研究都离不开分析所依据的信息单位。如果信息单位多为原语和译语的语码对应，评估的重点就是语言的转换，如果信息单位是语义、意义等，评估的重点就放在语篇层面。因此，信息单位的确定对口译的忠实度评估有着重要作用。

不过长期以来，由于对口译的探讨层面不同及所依据的理论不同等，对信息忠实度评估所依赖的信息单位也众说纷纭，而且口译过程受到个人知识结构、认知负荷、交际能力的影响，难以量化和复用，不利于评估的进行。评估的标准要简便有效、适应性强且可以反复操作。

对于信息的忠实度评估，可以参考以下要点：信息数量、信息质量与信息结构。信息数量的评估以含信息的实词为目标，如单词、词组、意群等，必要的意义信息是否被传达到位；此外，信息单位的质量也要进行充分评估，如选词是否符合语境，信息结构是否被完整表达出来等。这样对口译进行信息忠实度评估，可以充分体现评估的语篇意识。

在即兴发言、现场讨论等特定情境中，信息单位可能表现为点多、层重、结构少，译员可以对发言内容中的冗余部分作删减处理，或对某些语句进行释意性的增扩口译，以实现最佳交际效果。因此，信息的数量与质量评估也要考虑具体语境，评估重点要放在语篇的实际交际效果上。

2. 语言表达准确度

要想做到信息传递的忠实性，语言的准确运用是至关重要的，如果说翻译中的信息表达重点是建立语篇结构、实现语篇连贯表达，那么将语句连接起来的语法、词汇等手段就是要将这个结构填上充实的内容。口译的表达具有明显的即兴口语特点，因此对语言表达准确度的评估要遵循口语的语法规则，并且要考虑到口译的现场特点。语言能力主要指译员对语法、词汇知识的掌握水平，语法的准确性问题既来自原语，也来自译语，对原语语法的理解影响译员的听力理解，对译语的掌握影响译员的口头表达，译语语法必须符合听众的语言习惯，否则会导致译语生涩令人费解甚至误解，给双方的交际造成不良影响。在语法中，影响语言表达的几个主要因素如图7-6所示。

图7-6 影响语言表达的语法因素

时态是语篇的重要信息，在口译中绝不能缺失或译错，已成事实的内容不能译为将来要做的事情，正在实行的政策不能译为已经实行了的政策。英汉语言中的时态表达形式有较大不同，即使是经验丰富的口译员也会出现听辨与表达时的失误。英语中多以助动词加时间状语表示时态，汉语中则多用副词加时间状语进行表达，在翻译时，要兼顾动词变位、助动词选择、主从句的时态配合与时间状语的阐述。

英语的语式和汉语的语式也明显不同，一些虚拟式、条件式、命令式的语句往往成为口译的一大难点。英语的语式有两个特点：一是多用于表达情感、愿望、事实实现的可能性，二是多以短语、从句的形式出现；汉语中类似的表达则多为短语，二者虽然有一些相同的地方，但是并不能找到比较固定的对应，需要译员对内容充分理解再进行语言的组织与表达，这也要求译员要对英语相关从句熟练掌握，并且汉语思维也要高度活跃，二者缺一不可。

口译的句法要求要相对低于笔译，达到交际目的即可，不过也要做到尽量准确无歧义。当句子结构太过紧凑而导致信息过于密集时，会对译员的口译造成困难，即使译员可以做出高水平的口译，听众也不一定能够理解内容的意思，因此，译员要做到口译通俗易懂。根据语言学的研究，句法的熟练得当的使用，是实现译语顺畅表达的一大前提，因为译语语篇中所有的简单句、复合句、完整句、不完整句等都是影响译语表达连贯的因素，也是影响听众理解的重要因素。此外，灵活使用固定句型更是熟练运用语言，使译语表达更加地道准确的表现。

修辞的准确性包括运用一般词汇和专业术语是否准确无误，如果说一般词汇运用是否恰当可以反映译员的语言水平，那么专业术语就可以体现译员对专业知识的熟悉程度，根据释意派的翻译原则之一"语言水平不够不翻，专题知识不熟悉不翻"，两个条件缺一不可。译员的语言水平的重要性是无须多言的，在很多学术会议中，专业术语的翻译也是十分重要的，不论是会议的主办方、发言人，还是与会人员，很多人对术语翻译是否到位十分重视，不过在专业化的学术会议中，大部分听众也是相关领域专家，对术语的翻译会持较宽容的态度。只是从译员的角度来看，术语翻译的准确性标志着译员在口译活动之前准备的有效性，也能体现出译员的专业水准。

音调包括语音、语调、语气等，译员口译时如果能够做到发音准确、语调地道、语气恰当、声高合适，无疑会给听众带来很好的交际体验与印象，张其帆在研究中揭示了译员的翻译口音影响听众对口译的满意程度。就口语的特点而言，音调的准确性在一定程度上决定了口译的可接受度。

通常，词汇方面的错误会比语法方面的错误更加影响交际，而在语法中，连词误用、主次颠倒等整体错误比冠词误用等小范围的局部错误更严重。至于音调方面，除非十分严重，一般来说对交际的影响是最小的。对语言准确性的评估可以从正确单位与不正确单位之比、完整句与不完整句之比、英语作为译入语时的从句使用量、语篇的意义整合程度这几个方面进行。

3. 译语表达的流利程度

根据里森（R. Leeson）的研究，广义的流利性包括说话者的言语计划、言语表达等一系列能力，涵盖了讲话的流畅性、正确性、灵活性与创造性。狭义的流利性则仅指说话的语流与语速。斯克汗（P. Skehan）等从社会语言学的角度以"交际的可接受性"和时间特征来界定流利性，认为讲话要符合交际特征，注重交际的体验。布伦菲特（C. Brumfit）等学者认为流利性与听辨和言语表达两方面有关。综合前人对译语流利性的讨论，结合口译质量评估的可操作性等特点，在口译评估中，时间因素是评估译语表达流利程度的主要依据。

评定译语表达流利程度的时间变量指标主要有四个：

一是语速，即一个言语样本的音节总数与产生该样本所需时间（含停顿）总量之比。

二是发音时间比，发音时间总量与产生该言语样本所需时间总量之比。

三是发音速度，即言语样本的音节总数与发出这些音节所需时间（不含停顿）总量之比，即单位时间内可以发出的音节数量。

四是平均语流长度，指停顿超过0.3秒的语流的平均长度。

总之，对译语表达流利程度的评估根据是话语的停顿、犹豫、自我纠正、重复及语句长度等，在具体的口译交际中，也要结合实际情况进行标准的权重分配。

4. 口译中策略使用的有效度与灵活度

口译充分体现了跨文化口头交际的特点，译员在口译活动中也会使用各种交际策略，同时，口译活动本身也需要译员的专业知识与技能策略。

综合交际策略的研究与口译的特点，口译的交际策略可以从以下几个方面理解：第一，交际策略是译员翻译能力的重要体现，可以帮助译员完成特定交际任务；第二，交际策略的有效运用主要依赖体系化的职业技能掌握；第三，交际策略作为一种语言心理计划，其运用受到认知机制与心理因素的双重制约；第四，口译交际策略基于原语与译语的双语基础，会受到跨文化背景的影响；第五，口译交际策略受到交际现场因素与交流双方的影响。

口译交际策略既涉及语言水平与相关主题知识的了解，也涉及口译技能掌握的熟练程度，这些可以体现口译员口译能力的策略受到多种因素影响，因此在口译策略使用与评估中要遵循以下原则（见图7-7）。

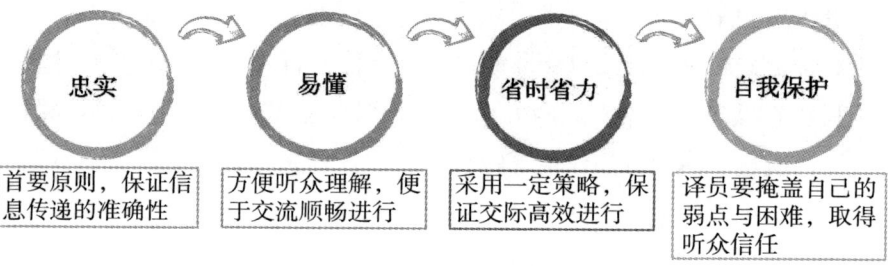

图7-7 口译交际策略原则

除交际策略外，口译的技能策略更是重中之重。根据蔡小红教授的研究，对于口译员来说，翻译水平越高，策略运用越频繁多样，策略的选择、运用和译员的口译能力与口译效果成正比[①]。所以，掌握口译职业技能与策略有利于应付口译实践中的各种情况，对于有经验的、能力出众的译员而言，口译策略的运用已经成为职业反应，他们不仅可以实现交流的准确传达，还可以调和气氛，甚至引导谈话顺利进行，高质量完成口译任务。

5. 口译服务对象的满意度

口译的最终目的是保障交际双方的沟通，因此口译质量在很大程度上要由服务对象进行评估。口译的服务对象通常指交际双方（发言者与听

---

① 蔡小红. 口译评估 [M]. 北京：中国对外翻译出版公司，2007：61.

者），具体对象也会因不同口译任务有所差异，如在新闻发布中口译的服务对象还包括在场的媒体记者，在接力口译中还包括中间译员，有时还包括现场的设备技术人员等。

口译服务对象对口译的反馈主要分为两种类型：期待性反馈与反应性的反馈。期待性反馈指口译质量评估者由于无法进入口译现场或得到现场录音、录像，依靠自己的经验设定质量评估标准与调查问卷，通过服务对象填写的问卷结果进行分析得出质量评估结果。期待性反馈有以下几个特点：结果分析要注重不同参数的权重、一般仅限于评估者所期待的范围、评估只能以问卷反馈为基础。反应性反馈指服务对象对口译服务的实际反应，评估者不以自己的质量标准或质量概念影响调查。

需要指出的是，服务对象的反馈固然重要，但是他们并不是专业的口译从业者，对口译技能的了解也十分有限，他们的反馈通常是感觉层面的，因此，需要评估者结合译员的实际表现对结果进行分析。

二、口译教学质量评估

教学评估是对教学结果的质量诊断，也是教学中重要的调控手段，教学评估以教学目的为标准，依据科学的评估原理与评估方法，针对师生在教与学的过程和效果进行客观的判断分析，是教学中不可或缺的环节。对教师而言，教学质量评估可以帮助找到教学中的方法、内容等方面的不足，促进问题解决，有针对性地调整教学目标与方法，提高教学质量；对学生而言，某一阶段的学习质量可以通过教学评估得到反馈，分析学习水平现状，促进成绩提高与技能习得。总之，科学的教学质量评估可以及时反馈教学情况、改进教学方法、巩固教学经验、促进教学质量提高。

口译的教学评估在口译教学过程中也发挥着十分重要的作用，根据评估结果，可以优化培养方案与课程设置，同时教学评估可以作为教学的质量监控，检验教师的教学目标是否达成，还可以作为外在激励，促使教师提高教学质量，帮助学生发现进步和不足，从而形成良好的教与学的氛围，提高口译教学质量，更好满足口译人才发展的需求。

许多口译研究者与学者都曾尝试探索各种评估体系的建构,杨承淑、蔡小红等人提出了口译教学评估标准与各评估项目的分值比例,陈菁、王虹等人先后提出了口译教学的评估过程与口译评估方式等,随着教学水平的不断进步与教学方法、教学模式的创新,也出现了很多新型评估体系,口译教学的质量评估越来越受到重视①。

(一) 口译教学的过程性评估

有关课堂测试的研究标明促学评估是提高学习成绩的有效方法之一,对口译教学的过程性评估就属于促学评估,口译为教师和学生提供诠释习得过程的评估证据,帮助分析学习者当前的学习状况,并为未来努力方向和实现方式提供指导。

对口译教学的过程性评估基于多项理论基础,如人本主义认为评价是与教学过程并行且同等重要的,评估目的是为学生提供服务,促进发展;建构主义注重教学过程与学生自主知识建构,最终目的是促进学生对知识的内化。所以,口译教学的评估要注重人本思想,尊重个体差异与个体需求,激发主体精神,发挥学生的主体作用以及教师的引导作用,对口译教学进行最优化的过程评估。

口译作为一项技能习得,在习得过程中的每个环节都要被纳入评估体系,通过对过程的评估与不同阶段的数据记录,分析学生技能习得的阶段情况。在一学期中,口译教学的过程有四个方面:一是整个学期中课程开始、中间、结束的时间过程,二是学生水平由低到高的习得过程,三是单元授课涉及的课前、课中、课后的阶段时间与习得过程,四是教师组织教学活动的课堂过程。这四个过程都是口译教学质量评估要关注的方面,即口译的教学评估对象既要包括学生学习技能、策略等,也要包括教师的课堂活动设计与组织。

教学过程中,在学期课程开始时,教师会对学生进行诊断性的评估,

---

① 许文胜著;江波丛书主编. 大数据时代云端翻转课堂模式下的口译教学探索 [M]. 上海:同济大学出版社,2016:136.

宏观检测学生知识技能的整体表现，微观测试学生对具体知识技能的把握，主要目的是分析学生在语言知识与语言运用方面的长处和不足，有利于师生对之后的教与学的重点把握。在接下来的教学过程中，教师对学生的评估以形成性评估为主，监察学生在课堂上对知识技能的习得情况，并辅以阶段性测评，通过对测评结果分析，获得学生习得过程中的进步与不足。

此外，以学生为主体的评估，客体主要指向三个方面：教师在课堂上教学过程的施教，如教学设计、教学过程和教学效果等；学生对课堂的满意度，如教学模式、教学评估指标、个体学习感受等；学生的习得效果，如知识与技能的获得等。教学质量评估也要贯穿学生的整个学习阶段，以各阶段的评估结果为基础，制定或调整后期学习计划，并且最好将学生的自主学习过程与自我反思过程也纳入评估体系。

（二）口译教学的综合性评估

口译教学的综合性评估要根据教学目标、课程性质、学生个体发展等，针对学生知识、能力等多个维度，采用多种模式，实现评估的全面性与多样化。

在综合性评估体系的构建中要注重以下几点：首先，要发展学生自主评估，在教学中，课堂教学只占很少一部分，课前、课后的自主学习需要学生进行自主评估，教师可以在课堂上确定自主评价标准，引导学生进行自我评价，把握学习方向与重点。其次，要提供实时反馈，教师对学生或学生对教师的评估要及时反馈给评估客体，以及时改善教与学的方式。最后，综合性评估要做到全面评价，根据教学大纲、教学重点、教学目标等制定全方位的评估体系，并且在评估时可以采用笔试、口试、实践、报告等多种形式。此外，真正的口译活动有其特定的情境，如交际双方、现场气氛、交际任务、职业规范等，因此口译的教学质量评估不能局限于传统的语言范式，要关注学生的语言知识与语用能力，采取多元化、多维度、多角度的综合评价体系。

总之，口译教学质量评估要做到图7-8中所示的五个"多维"。

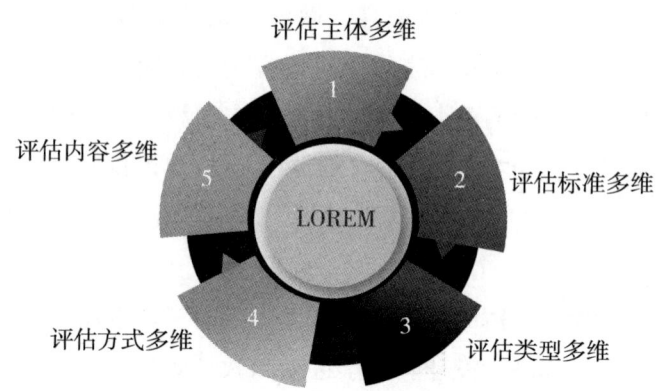

图7-8 五个"多维"

第一,评估主体多维,包括教师、学生的自我评估、师生之间互相评估、学生与学生之间互相评估、翻译机构的评价反馈等。第二,评估标准多维,口译教学涵盖双语能力、双语转换技能、跨文化交际等,评估要参考文化背景、语言表达、口译策略等,而且学习者的自主学习也是口译教学评估的重要组成。第三,评估类型多维,可以采取诊断性、形成性、总结性的评估类型,在口译教学之初,先进行诊断性评估,有针对性设计教学计划,在教学过程中,教师需要通过形成性评估跟踪学生的习得情况,及时调整教学方法和内容,课程最后,口译教学也要进行总结性的评估。第四,评估方式多维,如考核评定、现场观察、自我评定、问卷调查、记录检测、传统考试等,都是对口译教学质量进行评估的有效方式,通过多维的评估方式,为口译教学提供全面且科学的反馈。第五,评估内容多维,评估内容根据评估主体、标准、类型的不同也要有相应改变。

第五节 英语口译教学展望

我国的口译教学在几十年的发展中取得了很多成果,伴随着口译教学的发展,也出现了一些亟待解决的问题与挑战,如口译教学的师资水平参差不齐,很多教师都没有足够丰富的口译实践经历。目前尚未有全国统一的教学大纲与课程体系，教学质量难以保证，针对不同社会需求的专业型口译人才的培养还比较缺乏。此外，学生的双语水平不同，导致教学效果不甚理想等。这些问题都需要教育管理者、学校、教师、学生与社会的共同合力才能得以解决。

随着经济全球化的深入与国家之间交流的增强，社会对口译人才的需求将会持续增加，而且对相关领域的专业型口译人才的需求量会越来越大。同时，互联网信息技术的不断发展，引领了新型课堂的改革，如何将新兴技术手段用于口译教学，也成为口译教学者新的挑战。展望未来，中国口译教学也要顺应时代发展，从教师、学生、教学模式等方面加大探索与改良力度。

第一，教师队伍会更加专业化。口译教师是课堂活动的组织者与学习效果的主要评价者，必须非常了解口译这一复杂活动的职业特征、能力构成、心理影响因素等。因此，口译教师必须要接收过此类课程的正规培训或具有丰富口译实践经验，并具备一定的教学基础与教学能力，这样教师才能将口译实践的经验与口译技能教学相融合，对学生在口译中的表现做出适当的反馈与引导。

从事口译教学的教师要从自身发展的角度出发，多参加口译的师资培训、课程进修、口译开放课堂等教研活动以提升自己的教学能力，也要积极承担各项口译任务与实践活动，提高实践能力、丰富知识体系的同时，为课堂教学与学生训练提供更多有针对性的指导和建议。

第二，口译教材资源要借助现代互联网，丰富教材内容。很多口译教材都是以口译技能或通识类专题为主线进行编写，这类教材适用于口译入门课程与普通口译课程，但是对于培养专业性口译人才则显得"力不从心"。近年来也有少量旅游口译、会展口译等专业教材出版，但是需求量较大的法庭口译、医疗口译、工程技术等方面的口译教材几乎没有。所以，针对专门的口译人才培养的教材建设也是推动口译教学改革的重要部分。

另外，传统的口译教材多为纸质版的书本形式，从教材编写到出版使用会花费较长时间，导致内容陈旧，缺乏时效性，也不利于口译实践能力的培养。随着信息化发展，口译语料库的建设与应用受到广泛的关注，基于语料库编写口译教材成为可能，这类教材在时效性与真实性上具有很大的优势，而且在形式和内容上更加灵活开放。一方面，教材可以使用即时复制、传播的电子图书，如使用 iBooks 编制的口译教材就可以实现文本、图片、音视频的在线编辑与更新，满足广大口译学习者的需求，另一方面，语料库支撑的教学素材量大且密集，经过主题分类、难度分级、技巧分解等可以有效应用于课堂操练与课后练习，达到针对性训练和提高的目的。

第三，学生智能多元化是未来口译教学发展的一大趋势。学生是口译教学的主体，学生对学习的积极性很大程度上影响着教学质量的好坏。从多元智能理论来看，每个个体的智力潜能各不相同，经过合理的开发与引导，人的特定智能可以在具体的社会环境中得到最大程度的发挥，口译人才的培养也是如此。教师要关注学生个体能力的差异性，鼓励学生积极参与课堂与第二课堂活动，找到自己的兴趣与学习内容的结合点，发掘学生成为专业化或多样化口译人才的可能性。同时，地方高校可以结合地方产业与学校的学科特色开展口译教学，探索具有地方特色的专业口译人才培养模式，为当地的社会经济发展储备人才。

第四，教学模式多样化、情境化。传统口译教学课堂上，学生的主动性、参与度较低，近年来，翻转课堂等教学模式的出现为口译教学提供了新的方向。口译是一项实用性极强的技能，所以在口译习得过程中，只靠教师授课、学生听讲、课后测评的教学方法是无法培养合格的口译的人才的。现代口译教学中，通过设计符合口译交际特点的教学任务，让学生参与到真实的口译场景中，可以帮助学生提升口译学习的效率。教师与学生都要充分利用学习资源并结合教学实际，通过开展工作坊、实践观摩、实战赏析等活动，激发学生的学习热情，强化学生对口译过程的认知与了解。

第五，口译教学中的第二课堂趋于常态化。口译课属于外语专业的高级技能课程，对于技能类的课程，课堂学习是最基础的环节，只有通过大量课外实践、实训才能进一步巩固加深课堂所学的技能，完成学习的内化。伴随着翻转课堂、慕课、微课等新兴教学模式的出现与应用，口译教学由原来的线下面对面的课堂，转为线上、线下结合的教学模式，使学习者可以根据自身的具体情况，自由、自主进行自我学习。传统的课堂学习＋课后任务的教学模式会逐渐被课前学习＋课堂互动＋课后实践的模式所取代，教师也会从单纯的技能教授者转为学生学习的指引者、合作者、监督者等多重身份，合力帮助学生习得口译技能。

通过教材、教师、学生、教学模式等方面的改革与发展，过去口译教学中的一些问题在将来一定会得到改善，这对学生的学习、教师的教学、人才的培养都有着积极的促进作用。要推动口译教学的良性发展，除了发现问题、解决问题之外，也要多借鉴西方口译教学的成功经验，加强国际口译研究的交流对话，关注学生与社会的双重需求，使中国的口译教学既能为学生的职业化道路提供助力，又能满足社会对不同层次、不同领域的口译人才的需求。

参 考 文 献

［1］Marguerite Jacquelin. 法中两国口译教学体系和方法对比［D］. 广州：广东外语外贸大学，2018.

［2］白佳芳. 面向地方性口译人才培养的英语听力教学模式研究［J］. 亚太跨学科翻译研究，2020（2）：58－66.

［3］曹晋芳. 吉尔认知负荷模式下浅谈听力与口译［J］. 现代交际，2016（20）：86－87.

［4］程永伟. 在口译教学中提高英语表达能力的行动研究［J］. 武夷学院学报，2021（7）：99－103.

［5］丛佳玉. 基于"微信小程序"的英语口译技能训练模式实验报告［D］. 大连：大连外国语大学，2020.

［6］邓军涛，古煜奎. 口译自主学习语料库建设研究［J］. 外文研究，2017（4）：88－93，106－107.

［7］邓琪. 浅析跨文化意识在外交口译上的具体体现与翻译策略——以口译员张璐的经典翻译为例［J］. 江西电力职业技术学院学报，2020（3）：144－146.

［8］丁蓉佼. 认知学习理论观照下口译教材编写现状与展望［D］. 北京：北京外国语大学，2019.

［9］傅志勇. 浅析关联理论在汉译交替传译中多义词汇翻译的指导作用［D］. 北京：北京外国语大学，2020.

［10］高攀. 英语口译教学的逻辑训练［J］. 江西电力职业技术学院学报，2021（2）：105－107.

［11］郭磊. 英汉口译导论［M］. 兰州：甘肃人民出版社，2014.

[12] 洪小丽. 实用商务口译 [M]. 北京：对外经济贸易大学出版社，2020.

[13] 胡佳琦. 基于全国口译教师的一项调查报告 [D]. 北京：外交学院，2020.

[14] 宦磊. 主题熟悉度对学生译员英汉交替传译质量影响研究的实验报告 [D]. 大连：大连外国语大学，2021.

[15] 黄雅婷. 形成性评估在英语口译课堂的实证研究 [D]. 大连：大连理工大学，2019.

[16] 黄益萍. 释意理论下高职学生口译的自主学习 [J]. 太原城市职业技术学院学报，2010 (6)：37-38.

[17] 江晓梅，江晓梅，尹珩，等. 英汉口译笔记入门 [M]. 武汉：武汉大学出版社，2015.

[18] 江晓梅. 英汉口译理论与实践 [M]. 武汉：武汉大学出版社，2013.

[19] 姜菲菲. 基于释意理论的口译研究 [D]. 昆明：云南师范大学，2020.

[20] 雷中华. 吉尔谈口译与教学 [J]. 中国翻译，2018 (6)：61-65.

[21] 李爱华. 跨文化意识在英语口译中的运用 [J]. 琼州学院学报，2012 (3)：83-84.

[22] 李雪. 基于慕课的翻译教学设计要素与影响因素研究 [D]. 南京：南京邮电大学，2019.

[23] 李永丽. 动态评估在大学英语翻译教学中的应用研究 [D]. 大连：大连理工大学，2020.

[24] 刘凯璇. 释意理论指导下的联络口译实践报告 [D]. 兰州：兰州大学，2018.

[25] 刘洋. 特色英语口译教程 [M]. 武汉：华中科技大学出版社，2017.

[26] 卢信朝. 中国口译教学：现状、问题及对策 [J]. 山东外语教学，2006 (3)：50-54.

[27] 罗环. 外交学院翻译硕士口译自主学习情况调查 [D]. 北京：

外交学院，2019.

［28］梅德明. 高级口译教程［M］. 上海：上海外语教育出版社，2000：57.

［29］孟竞成. 英语专业学生口译技能的培养［J］. 内蒙古工业大学学报（社会科学版），2014（2）：108-111.

［30］任文. 联络口译过程中译员的主体性意识研究［M］. 北京：外语教学与研究出版社，2010：216.

［31］申肖肖. "互联网+"背景下英语口译一体化混合式教学模式研究［J］. 鞍山师范学院学报，2021（1）：58-61.

［32］申媛媛. 基于技能培养的高校英语口译教学策略探讨［J］. 海外英语，2021（15）：206-207.

［33］宋佳音. 同声传译中的预测［J］. 沈阳教育学院学报，2006（4）：71-74.

［34］宋玉洁. 口译自主学习中自我规划和自我测评不足的问题及改进策略［D］. 北京：外交学院，2021.

［35］孙静云. 口译学习者对移动学习的使用及看法调查［D］. 厦门：厦门大学，2017.

［36］孙茹. 从图式理论视角研究英汉交传教学中的记忆训练模式［D］. 上海：上海外国语大学，2019.

［37］孙雪琪. 释意理论在陪同口译中的应用［D］. 大连：辽宁师范大学，2019.

［38］谭彬. 刍议口译教学中跨文化意识培养的重要性［J］. 科教文汇（中旬刊），2011（12）：125-126.

［39］汪雯. 基于中国英语能力等级量表的学生中英交替传译自评研究［D］. 北京：外交学院，2021.

［40］王超，董良和，张林影，等. 英语口译教学方法研究［M］. 牡丹江：黑龙江朝鲜民族出版社，2011.

［41］王丹邱. 混合式教学模式在口译教学中的应用［J］. 文教资料，2021（13）：225-226.

［42］王晓晓．慕课教学模式在高校英语口译教学中的应用［J］．文学教育（下），2020（9）：148－149．

［43］翁雨淋．英语专业学生口译自主学习模式探索［J］．产业与科技论坛，2016（6）：154－155．

［44］吴耐．浅析英语口译教学中跨文化意识的培养［J］．西部皮革，2020（4）：141．

［45］吴钟明．英语口译笔记法实战指导 第3版［M］．武汉：武汉大学出版社，2017．

［46］肖利．口译中外教师合作教学研究［D］．长沙：中南林业科技大学，2021．

［47］谢贤德，潘学权．基于学生自主学习的口译人才培养模式［J］．中国大学教学，2012（5）：25－26．

［48］熊雪鹰．口译员跨文化意识的培养［J］．湖北函授大学学报，2013（10）：142－143．

［49］徐启亮．翻转课堂下口译学习者的同伴反馈表现［D］．广州：广东外语外贸大学，2019．

［50］徐茜子．口译能力培养导向的MTI口译教材［D］．广州：广东外语外贸大学，2019．

［51］徐小清．德国高校英语授课对我国口译教学实践的启示［J］．英语广场，2021（34）：115－117．

［52］许文胜，江波．大数据时代云端翻转课堂模式下的口译教学探索［M］．上海：同济大学出版社，2016．

［53］杨科，张纯辉，黄岚．英语口译译员职业认知发展框架研究［M］．长春：吉林人民出版社，2019．

［54］叶静文．英语翻译课堂教师话语及其教学设计研究［D］．南京邮电大学，2021．

［55］于飞．英语口译教学模式探索［J］．现代阅读（教育版），2013（1）：50－51．

［56］张金玲，颜晓川．英汉口译自主学习模式［J］．沈阳师范大学

学报（社会科学版），2013（6）：166-168.

[57] 张宁. 从吉尔精力模型看口译学生数字口译中的难点 [D]. 北京：外交学院，2020.

[58] 张雨露. 释意论指导下英语长句口译方法研究 [D]. 延边：延边大学，2021.

[59] 张玉翠. 自主学习型口译人才培养模式探索 [J]. 吉林省教育学院学报，2009（8）：14-15.

[60] 郑家鑫. 英汉口译红皮书 [M]. 武汉：武汉大学出版社，2010.

[61] 钟述孔. 实用口译手册 [M]. 北京：中国对外翻译出版公司，1984：372.

[62] 钟煜辉. 从外语教学视点看日语口译教学问题 [D]. 厦门：厦门大学，2019.

[63] 仲伟合，赵田园. 中国翻译学科与翻译专业发展研究（1949-2019）[J]. 中国翻译，2020（1）：79-86.

[64] 仲伟合. 翻译研究：理论·技巧·教学 [M]. 广州：华南理工大学出版社，2000：168.

[65] 仲伟合. 口译教学刍议 [J]. 中国翻译，1998（5）：19-22.

[66] 仲伟合. 口译课程设置与口译教学原则 [J]. 中国翻译，2007（1）：52-53.

[67] 仲伟合. 口译训练：模式、内容、方法 [J]. 中国翻译，2001（2）：30-33.

[68] 仲伟合. 专业口译教学的原则与方法 [J]. 广东外语外贸大学学报，2007（3）：5-7，31.